A. FERRET 1980

Relation

DU NAUFRAGE DE LA POLACRE SARDE

VIGILANTE.

Le capitaine Delpierre fait le premier, dans le canot, un retranchement des provisions. Pag. 68.

Relation

DU

NAUFRAGE

DE LA

Polacre sarde Vigilante,

Capitaine Pietro Delfino

*ornée d'une planche représentant le
naufrage et d'une Carte de l'embouchure
de la Plata.*

par

César Hypolite Bacle,

*Directeur de l'Imprimerie Lithographique de l'État.
A BUENOS-AIRES,
et l'un des passagers.*

se trouve

*à l'Imprimerie lithographique de l'État,
Rue de la Cathédrale N.º 47,
et chez tous les Libraires.*

BUENOS-AIRES.

1833.

Lith. de Bacle & C.º

À Monsieur le Général

Dr Tomas Guido,

Ministre Plénipotentiaire de la République
Argentine près de S. M. l'Empereur du Brésil.

Général,

En publiant la relation du funeste
évènement qui a détruit en un instant le
fruit de mes travaux de cinq années, et m'en
pose la nécessité de prolonger indéfiniment

mon séjour dans un pays, où la distinction honorable qui m'a été accordée, et la touchante hospitalité avec laquelle j'ai été accueilli, n'ont pu toutefois me faire perdre le souvenir de ma famille et de ma patrie, à qui puis-je mieux l'adresser qu'en la dédiant à l'illustre Citoyen qui fut constamment le véritable ami de son pays; au Ministre éclairé dont la sage et paternelle administration, dans les différentes époques où il a été appelé au Ministère de l'Intérieur de cette Province, n'eut d'autre but que le développement de l'industrie et le bien de la nation; au protecteur bienveillant, enfin, dont les bontés constantes pourraient, seules, me faire oublier tout ce que je regrette encore, si jamais la patrie pouvait s'oublier.

Permettez-moi donc, Général, de vous adresser ce récit du malheur d'une famille à laquelle vous avez bien voulu toujours prêter tant d'intérêt, et daignez agréer cet hommage comme un bien

faible témoignage du profond respect et de la
reconnaissance sans bornes

De votre très humble et
très dévoué Serviteur.

[signature]

Buenos-Aires, 6 Août 1833.

RELATION DU NAUFRAGE

DE LA POLACRE SARDE *VIGILANTE*,

Capitaine *Pietro Delpino*; NAUFRAGEE LE 25 MARS 1833, A DEUX HEURES DU MATIN, SUR LA PLAGE DE SAINT-RAFAEL, DERRIERE L'ISLE DE LOBOS, A L'EMBOUCHURE DU RIO DE LA PLATA.

PREAMBULE.

Acteur et spectateur forcé du funeste évènement dont je vais essayer d'esquisser les principaux traits, personne mieux que moi, ne serait en état d'en indiquer les causes probables; mais ses conséquences naturelles ayant été la perte absolue de tout ce que je possédais, je sens que dans une affaire qui me touche de si près, ma simple opinion ne peut être admise comme preuve convainquante et décisive, et je reconnais d'avance que j'ai peut être pû ne pas la juger avec toute l'impartialité et le désintéressement nécessaires. C'est pourquoi, laissant de côté mon intime conviction, ainsi que celle de ma famille, je vais simplement exposer les faits, tels qu'ils se sont passés sous nos yeux. Que l'on en déduise ensuite les conséquences naturelles, et je m'en rapporte au discernement et à l'équité de chacun.

pour prononcer, si cet évènement doit être considéré comme un accident fortuit, causé par un défaut de surveillance, de précautions ou de connaissances ; ou s'il doit l'être au contraire, comme un crime atroce, prémédité et calculé d'avance.

Je sais, il est vrai, que l'*intention* en elle même ne peut être que présumée, et qu'il n'est donné à personne de scruter la conscience de son prochain, mais ici, des faits patents et nombreux existent en nombre suffisant pour éclairer l'opinion, et en définitif si le capitaine Delpino est coupable, mais qu'on ne puisse le prouver juridiquement, c'est en lui-même qu'il trouvera son châtiment, car nul n'échappe à sa conscience, et la justice Divine pénétrant où ne peut atteindre la justice humaine, les crimes les plus cachés finissent tôt ou tard par se découvrir.

PREMIERE PARTIE.

———◦❀◦———

EMBARQUEMENT ET VOYAGE.

Je quittai Buenos - Ayres, avec ma femme, mes deux enfans et un domestique, dans le mois de mai 1832, et me rendis à Sainte - Catherine (Brésil), pour m'y occuper de recherches en Histoire - Naturelle. Après y avoir passé une dixaine de mois, et y avoir réuni des collections considérables, tant en Oiseaux, qu'en Quadrupèdes, Reptiles, Poissons, Insectes, Coquillages, Plantes, Graines &ᵃ., je reçus des lettres, par les quelles on m'engageait à revenir le plus promptement possible à Buenos-Ayres, pour des affaires urgentes, et où d'ailleurs j'étais pressé d'arriver, pour de là passer aussitôt en France, la santé de ma femme éxigeant qu'elle y retournât immédiatement. Les communications entre Sainte - Catherine et la Plata étant extrêmement rares, je me crus très heureux de rencontrer précisément en ce moment deux bâtimens prêts à partir, l'un pour Buenos - Ayres directement, et l'autre pour Montevideo d'où il arrivait tout récemment. Ce dernier était la Polacre Sarde VIGILANTE ; je fus de suite voir son capitaine, le Sʳ. *Pietro Delpino*,

Génois, pour lui demander s'il prendrait des passagers, et sur sa réponse affirmative, je me rendis á bord pour voir la distribution du navire.

J'y trouvai deux chambres, dont l'une en bas comme á l'ordinaire, l'autre placée sur le pont en guise de dunette; le capitaine m'ayant offert de me céder en entier cette dernière, je ne fus pas seulement voir l'autre bâtiment, qui était une Zumaque Brésilienne, la *Vigilante* m'ayant plu á première vue, non seulement par sa chambre indépendante sur le pont, mais encore, parcequ'elle devait toucher à Montevideo, oú je desirais m'arrêter quelques jours, pour y essayer des réclamations auprès du Gouvernement, au sujet de diverses caisses qui m'avaient été expédiées par la Zumaque *l'Invincible*, laquelle avait été saisie avec tout son chargement, à Maldonado, oú le capitaine *CASARETE* (*Génois*), avait été porter des armes en contrebande.

Ainsi donc, le capitaine Delpino m'ayant déclaré que le navire et son chargement lui appartenaient, que rien n'était assuré, et qu'il venait de faire plusieurs fois ce voyage toujours en fort peu de tems, son bâtiment étant excellent, je me décidai par toutes ces raisons á passer á son bord, croyant y être plus en sûreté que sur tout autre ; car, la précipitation de notre départ, l'absence de tout navire partant pour l'Europe, et enfin le manque de correspondans á Paris, me mettant dans l'impossibilité de rien faire assurer moi-même, je devais naturellement donner la préférence au bâtiment qui m'offrait le plus de sécurité, et je crus la trouver complette à bord de la Vigilante. Par toutes ces raisons et après avoir pesé mûrement toutes ces considérations, je fus voir le capitaine Delpino pour traiter de notre passage. M'ayant demandé combien de personnes nous étions, et le nombre approximatif de colis que j'avais à embarquer, il me dit: que si nous voulions être bien, il ne pouvait nous prendre à moins de cent Patacons tout compris, le vin et tous les approvisionnemens en général, étant fort chers à Sainte-Catherine. Je ne fis aucune objection sur la somme, que je trouvai même très modérée, ayant payé cent soixante quinze Patacons pour venir, le prévenant seulement que je ne le solderais qu'à notre arrivée à Montevideo; mais c'est à quoi il ne voulait pas absolument consentir d'abord, exigeant au moins la moitié comptant, ce qui faillit faire rompre le marché; voyant cependant á la fin qu'il ne pouvait rien obtenir et que j'allais me retirer, il se décida à y acquiescer, se réservant seulement de porter cette somme sur le connaissement, ce qui toutefois n'a jamais eu lieu, le capitaine ne m'en ayant point signé. Je stipulai de plus: que dans le cas où le bâtiment irait jusques à Buenos-Ayres, nous y serions rendus sans augmentation de prix; le tout demeurant ainsi convenu le capitaine me recommanda de faire promptement mes dispositions, voulant partir sous peu de jours; il me demanda en même tems la note des objets que je voulais embarquer; la lui ayant remise dès le lendemain, et en ayant conservé le double sur mon agenda qui à été sauvé, je la transcris ici:

Embarqué à bord de la Polacre Sarde VIGILANTE,
le 11 Mars 1833 :

———————✳———————

N°. 1 — Une très grande caisse contenant: 1240 Oiseaux et 47 Quadrupèdes empaillés; un fusil double et divers ustensiles de chasse. ⎱ *Sauvé une centaine d'oiseaux environ, mais entièrement abîmés ; et tout le reste Perdu.*

N°. 2 — Une caisse contenant: 683 Oiseaux, 5 Quadrupèdes et 14 Reptiles empaillés; Coquillages , Graines, &a . . . . ⎱ *Perdue.*

N°. 3 — Une caisse contenant: 13 boites d'Insectes , approvisionnemens et ustensiles de chasse et de pêche , &ª . . . . ⎱ *Sauvé , mais la plus grande partie du contenu hors de tout service.*

N°. 4 — Une caisse contenant: 300 Volumes reliés environ; Dessins, Gravures, Peintures, approvisionnemens et ustensiles de peinture; Registres, Cartes, Plans, Papiers divers, Manuscrits, &ª . . . . ⎱ *Perdue.*

N°. 5 — Une caisse contenant: 65 Jares pour tenir l'eau fraiche. . ⎱ *Id.*

N°. 6 — Une caisse contenant: 1,000 Oranges. ⎱ *Id.*

N°. 7 — Une caisse contenant: 1,150 Oranges. ⎱ *Id.*

N°. 8 — Une malle hardes et linge neuf. . . . . ⎱ *Sauvé une portion , mais hors de service.*

N°. 9 — Une malle effets et linge à usage . . . . ⎱ *Sauvé la moitié environ, mais inservable.*

Nº. 10 — Une malle effets et linge de réserve .... } *Perdue, ayant été trouvée vuide.*

Nº. 11 — Un baril contenant: Reptiles et Poissons dans l'eau de vie.... } *Sauvé, mais l'eau de vie volée le reste perdu.*

Nº. 12 — Un baril préparation arsenicale. .... } *Sauvé le $\frac{1}{4}$ environ.*

Nº. 13 — Trois ballots, contenant ensemble: 11,800 Plantes sèches... } *Perdus.*

Nº. 14 — Un paquet de 3 grandes pierres lithographiques. .... } *Id.*

Nº. 15 — Une boite en fer blanc contenant: 1,200 Plantes sèches.... } *Sauvé la boite, mais les plantes Perdues.*

Nº. 16 — Un baril vuide.................*Perdu.*

Nº. 17 — Un Métier à broder...........*Sauvé, mais avarié.*

Nº. 18 — Une Table et 2 ployans........*Perdu la table.*

Nº. 19 — Une Table à tiroirs.............*Id.*

Nº. 20 — Un Cadre pour lit..............*Id.*

Nº. 21 — Un paquet Etagères............*Sauvé*

Nº. 22 — Une caisse contenant: Plumes, et écailles de poissons préparées, fleurs en plumes et en écailles; et toutes les fournitures pour faire ces fleurs. .... } *Perdue.*

Nº. 23 — Une caisse contenant: Vins et provisions de bord......... } *Sauvé la caisse, mais le contenu Perdu.*

Nº. 24 — Une caisse contenant Plumes et fleurs en plumes .... } *Perdue.*

Nº. 25 — Une cassette Pharmacie et instrumens de chirurgie......... } *Id.*

Nº. 26 — Une caisse chapeaux de femme, et fleurs en plumes...... *Perdue*

Nº. 27— Une cassette papiers, manuscrits, et instrumens pour la préparation des animaux .... *Id.*

Nº. 28 — Un Nécessaire de toilette et écritoire, avec papiers de famille, brevets; actes, livres de compte, &ª; &ª.............................. *Sauvé le nécessaire, mais tous les papiers en général, ainsi que les ustensiles Perdus.*

Nº. 29 — Un portemanteau en cuir, contenant: souliers; bottes, et linge sale................ *Perdu.*

Nº. 30 — Un sac de nuit contenant: Hardes, linge et objets de voyage. *Id.*

Nº. 31 — Trois fusils de chasse, carnassières, sacs á plomb, poires á poudre, giberne, &ª........... *Perdu le tout á l'exception d'un seul mauvais fusil.*

De plus; á mon domestique:

— Un baril Jarres pour l'eau............*Perdu.*

— Un baril Oranges....................*Id.*

— Un coffre Hardes....................*Id.*

— Un Matelas.........................*Id.*

á Embarquer avec moi:

— Six matelas, 6 oreillers, 4 couvertures, cuvettes, pots et ustensiles divers, 2 casseroles, 2 bouilloires, 1 gril; 1 table à roulis,&a. &.ª.. *Perdu le tout, á la seule exception d'un petit matelas et deux casseroles.*

— Une cassette contenant: argenterie, bijoux, titres et papiers....... } Perdue.

— Un carton contenant : fleurs en plumes..................... } Id.

— Un carton contenant : un chapeau d'homme................... } Id.

— Un paquet Plantes séches................Id.

— Une caisse de maïs en grain............Id.

— Un Manteau d'homme en drap...........Id.

— Un dit de femme id. ....Id.

— Quinze régimes de bananes.............Id.

— Un Singe, vivant.....................Id.

— Un Perroquet Ara, vivant...............Id.

— Deux Toucans, vivans..................Id.

— Deux Chiens de chasse................Id. un.

— Quatre Canards....................Id. deux.

Le tout estimé environ 60 à 65,000 Francs (12 à 13,000 Piastres Fortes), non compris mes brevets, titres, diplômes, livres de compte et papiers divers, qu'il m'est impossible de remplacer .

————————— ✳ —————————

Telle était la note exacte des objets que j'avais à embarquer, et tels ils ont été reçus et reconnus à leur arrivée à bord, par le pilote ou second du navire, qui en envoyait à chaque voyage le détail au capitaine, entre les mains du quel j'ai vû moi-même ces notes ; leur contenu il est vrai, ne fut point vérifié, mais il me serait très facile au besoin de le faire certifier, fort approximativement du moins, (notamment les collections d'Histoire-Naturelle), par plusieurs personnes de Sainte-Catherine qui ont vû faire les caisses ; et d'ailleurs, étant loin de présumer un naufrage il n'était en aucune manière de mon intérêt de déclarer plus que je n'avais réellement.

Ce fut le samedi matin, 9 Mars, que je traitai avec le capitaine, et comme il me recommanda en même tems de faire toutes mes dispositions pour être prêt à partir le mercredi suivant 13, je donnai aussitôt congé de la maison de campagne que j'habitais, et je m'empressai d'emballer toutes mes Collections et mes effets, à l'exception des meubles, ustensiles, batterie de cuisine et autres objets que je ne pouvais emporter, et que je fus ainsi forcé de vendre de suite á tout prix. Le mardi 12, ayant à peu près tout terminé, je fus dès le matin voir le capitaine qui me dit n'avoir pû encore entièrement achever ses affaires, mais que néanmoins je devais envoyer le jour même mes effets à bord, parce qu'il voulait absolument partir le surlendemain jeudi, ou le vendredi au plus tard. En conséquence je fis embarquer à l'instant même la plus grande partie de mes caisses, et pour avoir plutôt fait et ne point déranger les matelots très occupés du chargement, je me servis de ma balleinière et de mes domestiques pour les transporter à bord ; mais le second m'ayant dit, en recevant ce premier

voyage, qu'il ne croyait pas que nous puissions partir avant
la fin de la semaine, je fis suspendre ce travail et ne m'occupai plus qu'à régler et terminer toutes mes affaires afin
d'être prêt aussitôt que le capitaine.   Comme les Patacons
étaient fort chers en ce moment à Sainte Catherine, et que
le cuivre ne passait plus à Montevideo, je me décidai à
convertir en marchandises tout le numéraire que je pus
réaliser, donnant la préférence aux fleurs en plumes, tant
par le peu de volume de cet article que parce qu'il m'assurait un bénéfice suffisant, non seulement pour payer notre
passage, mais encore bien au delà.

Le Jeudi matin 14, ayant tout terminé, je fis embarquer le reste de mes effets dans ma balleinière, (à la seule
exception de nos matelas et ustensiles nécessaires pour la
traversée), et je les conduisis à bord; mais en y arrivant
je fus très surpris de trouver la cale fermée et les pan-
neaux cloués et calfatés, le second me déclarant qu'elle
était entièrement pleine et qu'il n'y avait plus moyen d'y
rien introduire; cela m'étonna d'autant plus que, peu de
jours auparavant encore, il m'avait dit lui-même que le
chargement du navire était loin d'être complet, le capitaine
ayant eu bien de la peine à s'en procurer la moitié seulement, et qu'ainsi la place ne manquerait pas pour nos
effets; tandis qu'actuellement, tout se trouvait subitement
plein, et l'on ne savait plus même où loger mes caisses !
Comme ce dernier voyage se composait en partie d'objets
qui pouvaient à la rigueur demeurer sur le pont, il fut à

la fin décidé qu'on les y laisserait, et que le surplus serait placé dans l'intérieur même de notre chambre, quoique cette disposition ne me fut point agréable, puis qu'elle devait nous causer un encombrement fort gênant; mais comme en définitif il n'y avait plus moyen de faire autrement, je fus bien forcé d'y consentir et je revins aussitôt á terre.

Dans la soirée de ce même jour, je fus trouver le capitaine chez son consignataire, pour lui demander l'époque précise du départ; mais au lieu de m'accueillir avec un air affable et prévenant, comme il l'avait constamment fait jusques à ce jour, je trouvai au contraire un homme de fort mauvaise humeur, me reprochant avec emportement d'encombrer son navire, prétendant que j'avais embarqué plus d'effets que je ne lui en avais déclaré, disant qu'il lui était fort désagréable d'avoir une femme malade et des enfans á bord, et qu'ainsi il ne voulait pas nous recevoir, qu'il ne nous recevrait pas, et que le plus grand plaisir que je pusse lui faire, c'était de chercher promptement un autre bâtiment. Surpris d'une pareille réception, et surtout des motifs qu'il me donnait, je lui répondis, que je n'avais embarqué exactement que les objets désignés sur la note que je lui avais remise, comme il pouvait s'en convaincre par le permis de la douane; que même il avait été convenu dans l'origine qu'il embarquerait aussi ma balleinière, ce qui ne devait plus avoir lieu, puisque je venais de la vendre; mais que puisqu'il en était ainsi, et quoiqu'il fût bien tard pour me prévenir, c'était cependant avec le plus grand plaisir que j'acquiesçais à sa demande, et qu'il n'avait en conséquence qu'à faire débarquer à l'instant mes effets, voulant profiter du départ d'un autre bâtiment se rendant directement à Buenos-Ayres. Mais, au lieu d'adhérer avec empressement, comme je m'y attendais, à une demande aussi naturelle, cet homme s'emportant avec plus d'exaspé-ration encore, et comme si je lui eusse demandé la chose la plus déraisonnable, me répondit que je pouvais partir par le navire qui me conviendrait, mais que quant à mes effets il ne pouvait me les rendre, ce qui était une fois à bord ne se débarquant jamais, que d'ailleurs il était bon pour en répondre, et que je les retrouverais à Montevideo, me répétant de nouveau que je l'obligerais infiniment en passant à bord de tout autre navire que le sien. Ne pou-vant cependant me décider à laisser ainsi partir mes effets sans moi, et croyant du reste comprendre que le capitaine n'en agissait probablement ainsi que pour obtenir une aug-mentation de fret, je lui dis qu'il m'était impossible de consentir à semblable arrangement, mais que s'il se croyait lésé dans note marché, j'étais prêt à lui payer la différence qu'il trouverait raisonnable. Cette dernière proposition pa-rut cependant l'adoucir un peu et il me répondit, qu'effec-tivement les cent Patagons qu'il m'avait demandés d'abord ne suffisaient pas même pour payer notre nourriture et que conséquemment, si je persistais à vouloir passer à son bord, le fret pour mes effets serait de cinquante Patagons en sus. Après une légère discussion sur une aussi énorme et arbitraire augmentation, je consentis enfin pour en terminer, à lui payer cent trente cinq piastres fortes, mes effets et ma famille rendus à Montevideo (ou à Buenos - Ayres si le navire y allait); je lui ajoutai, que ne pouvant souffrir les discussions, il me trouverait toujours disposé à payer tout ce qui serait juste et raisonnable plutôt que d'avoir la moindre difficulté avec personne. Ce fut ainsi que se termina cette discussion, mais regrettant vivement pour ma part, de me trouver dans l'impossibilité de m'embarquer à bord de tout autre bâtiment, ce que j'aurais fait avec joie si j'eusse pu ravoir mes effets.

Le lendemain 15, étant venu à la ville dès le matin, je trouvai M^r. Delpino occupé à prendre ses expéditions en douane avec son consignataire; il me dit que cela seul le retenant encore, nous partirions très probablement le lendemain au soir, mais que dans tous les cas je pouvais rester chez moi, qu'il me ferait avertir par un nègre lors qu'il serait tems de nous embarquer. Je lui observai que je desirais me rendre à bord le plus tôt possible, afin d'avoir le tems nécessaire pour nous installer avant d'être à la mer; que d'ailleurs ayant vendu tous mes meubles et ustensiles et donné congé de la maison que j'habitais, l'on me pressait à chaque instant de livrer les objets vendus, et qu'ainsi plus vite nous embarquerions, mieux ce serait pour moi, sous tous les rapports. Il me pria de vouloir bien prendre patience encore ce jour là, me promettant de nouveau que le lendemain au soir, ou le surlendemain matin au plus tard nous partirions sans faute, étant lui-même très pressé d'arriver, et que conséquemment, aussitôt ses expéditions en règle, il mettrait à la voile par quelque vent que ce fût, en passant, soit par la barre du Nord, s'il faisait vent de Sud ; soit par celle du Sud, s'il faisait vent de Nord - Est.

Convaincu donc que notre embarquement aurait enfin lieu le lendemain, je m'occupai le reste de cette journée à faire mes dernières visites, et ayant vendu ma balleinière j'achetai une nouvelle partie de fleurs en plumes avec son produit.

Le soir vers les six heures, je redescendis encore une fois à la ville, pour bien m'assurer auprès du capitaine si toutes ses expéditions étaient enfin en règle et s'il comptait toujours partir le lendemain après midi. Je fus le chercher chez son consignataire, et n'y trouvant que le gardien de la douane, que j'avais vû constamment à bord, et qui ne le quitte ordinairement qu'au moment où le navire appareille, je lui demandai aussitôt où était le capitaine Delpino ? mais quels furent et mon étonnement et mon inquiétude, lorsqu'il me répondit tranquillement qu'il était déjà parti et que le bâtiment était sous voiles ! ! !

Ne sachant que penser de ce départ imprévu, je me rendis de suite chez un Mr. Henri Schutel, de nation Suisse, arrivé depuis peu de tems à Sainte - Catherine, passager à bord de la Vigilante et chez le quel je savais qu'allait fréquemment le capitaine ; je lui demandai s'il l'avait vû et s'il savait quelque chose de ce départ inopiné ? Il m'assura n'en rien savoir, mais que dans tous les cas il ne croyait pas que le capitaine fût encore à bord, ayant lui-même des lettres à lui remettre ; que cependant il allait faire tous ses efforts pour le rencontrer et qu'il me ferait avertir à l'instant s'il fallait nous embarquer, supposant toutefois que le bâtiment resterait en panne quelques instans pour nous attendre. Pour m'en assurer, je fus moi-même sur le port observer de quel côté il se dirigeait, et aussitôt je vis avec grand plaisir qu'on venait de mouiller de nouveau et qu'on serrait toutes les voiles, ce qui me tranquillisa entièrement.

Au même instant j'apperçus le capitaine lui-même qui traversait la place ; je fus à lui, et lui demandai en riant s'il avait voulu partir sans nous ? Il me répondit, avec un air fort embarassé, qu'il avait seulement voulu profiter du vent pour envoyer la Polacre au fort de Santa - Cruz, à quatre lieues de la ville, et que nous aurions été la rejoindre plus tard dans le canot de son consignataire ; mais que la marée étant trop basse elle n'avait pas pû passer, que conséquemment nous attendrions au lendemain, mais que sans faute nous partirions dans l'après midi, à moins que le vent ne s'y opposât. Je lui observai que ce départ, s'il avait eû lieu, m'aurait vivement contrarié, ayant encore beaucoup de petites choses à embarquer ; et qu'en sus, il ne m'aurait nullement fait plaisir d'avoir un aussi long trajet à faire faire à une dame et à des enfans, par un tems peut être mauvais et dans une petite embarcation.

Sans répondre à mes observations, et ayant toujours l'air très préocupé, il me quitta aussitôt. Je rentrai en ville moi-même et ayant fait part de cet incident à plusieurs personnes, toutes en parurent aussi surprises que moi et m'affirmèrent qu'il n'y avait pas d'exemple qu'un bâtiment eut jamais fait pareille manœuvre ; aussi l'attribua-t-on généralement à quelque acte de contrebande, ou quelque embarquement clandestin ; supposition que je trouvai très probable, et à laquelle je m'arrêtai. Craignant cependant une récidive et voulant l'éviter, je résolus de m'embarquer dès le lendemain de grand matin sans plus différer, et malgré la recommandation réitérée dn capitaine d'attendre qu'il me fit prévenir ; car, puis qu'il m'avait assuré de nouveau que nous partirions dans l'après midi, je ne voyais pas la nécessité d'attendre la dernière minute ponr être ensuite forcé de m'embarquer avec précipitation, ou m'exposer à voir une seconde fois le navire partir sans nous.

Le lendemain donc, samedi 16 dès la pointe du jour, ayant emprunté mon ancienne balleinière, j'y fis transporter nos matelas, les animaux vivans, les provisions de route et tout ce qui nous restait, me hâtant d'autant plus que je vis le pavillon de partance hissé au grand mât de la Polacre, et que des matelots que je rencontrai me dirent qu'ils étaient à terre pour prendre le capitaine, que le pilote de la rade était déjà à bord, et qu'aussitôt leur retour on partirait. Pour bien m'en assurer, je fus deux fois le demander chez son consignataire, mais n'ayant pû parvenir à le rencontrer, je me rendis enfin moi-même à bord, où je trouvai en effet le pilote et tous les passagers déjà rendus. Le second me confirma que le canot était à terre pour attendre le capitaine, qu'il viendrait probablement dès que la brise se lèverait, et que nous partirions aussitôt, tout étant disposé pour l'appareillage. Je revins donc promptement à terre chercher ma famille; mais comme il continuait à faire calme plat, nous passâmes quelques heures encore à faire nos derniers adieux aux amis que nous laissions dans ce pays, et nous ne nous embarquâmes que sur les deux heures après midi, au moment où une petite brise du Nord commençait à se lever. Nous étions à peine rendus à bord que la brise venant à fraichir de plus en plus, le canot fut renvoyé à terre chercher le capitaine, et je congédiai moi-même ma balleinière, comptant que nous allions appareiller d'un instant à l'autre; mais après avoir attendu vainement une heure ou deux, le capitaine fit dire qu'il était trop tard ce jour là pour passer la barre du Sud, et que ce serait pour le lendemain; en conséquence le pilote et les passagers redescendirent tous coucher à terre·

Ces passagers étaient:

Dⁿ. ANTONIO CABRERA BALDOWIN, payant quelque chose et le seul qui eut son lit dans la chambre du capitaine.

" JOACHIM PINTOS, *gratis*, ou payant fort peu de chose.

" JOSE LOPEZ de CUÑA Y MELO, *gratis*.

" THOMAS DIAS, payant passage par son travail de matelot.

" FRANCISCO de PAULA, id.....id.......id.....id..

— JACINTO * * *, mousse de 10 à 12 ans, *gratis* ou ne payant que fort peu de chose.

— De plus enfin, deux Nègres esclaves.

Quant à moi, fort content d'avoir ainsi une demi-journée de disponible pour nous bien installer avant de mettre sous voile, je fis de suite ranger notre chambre par mon domestique, toutes les caisses y ayant été placées confusément, les plus légères en dessous et les plus lourdes en dessus, ce qui au moindre roulis aurait pû nous écraser; je les fis donc arrimer convenablement, mais sans pouvoir obtenir cependant qu'elles fussent saisies et assujetties par des cordes, le second me disant que l'on ferait cela un peu plus tard.

Ayant achevé ce travail, je demandai le diner, impatient de connaitre la cuisine du bord et les talens de notre nouveau cuisinier. — Mais quelle fut ma surprise lors qu'on vint me dire qu'il n'y avait absolument rien de prêt, *pas même du pain!....* Nous en avions heureusement apporté quelques morceaux pour les enfans, on nous fit cuire à la hâte un peu de viande, et nous fimes ainsi notre premier repas, avec l'espoir toutefois d'être mieux traités les jours suivans, et convaincus que cette triste réception n'était due qu'aux embarras inséparables du départ; mais la suite hélas, nous à bien cruellement détrompés!!........ Le pain que nous avions apporté ayant à peine suffi pour notre diner, je recommandai très expressément qu'on eut le soin de s'en pourvoir pour le lendemain, ce que le second me promit formellement en me fesant ses excuses de n'avoir pû nous en donner ce jour là.

Dès ce premier jour, je remarquai avec étonnement l'encombrement du pont qui était couvert de barils, de caisses, de coffres et autres objets placés confusément de tous les côtés, de manière qu'il y avait à peine place pour les manœuvres, car tout étant plein l'on avait entassé jusques dans la chaloupe même, et à plus de quinze pieds de hauteur, des monceaux énormes d'oranges, de bananes, de maïs et de je ne sais quoi encore. J'étais donc très surpris que l'on ne s'occupât pas déjà, ainsi que je l'avais constamment vû pratiquer à bord d'autres navires, à mettre en ordre, à saisir et arrimer le tout; mais voyant que les matelots n'étaient point occupés ailleurs et que l'on ne touchait à rien, je supposai que le capitaine voulait être présent à cet arrimage et qu'il n'aurait lieu qu'à son arrivée, erreur dont je fus également bientôt désabusé.

Le lendemain, Dimanche 17, dès la pointe du jour, la brise de Nord Est étant très fraiche, le pavillon de départ hissé, l'ancre virée à pic, les voiles larguées, le pilote et les passagers à bord, tout en un mot était prêt et l'on n'attendait plus que le capitaine pour partir, lorsqu'enfin, sur les huit heures environ, le canot revint sans lui, les matelots prétendant n'avoir pû le rencontrer et qu'on le croyait à la campagne. Trouvant cette supposition assez probable, et pensant qu'effectivement il avait pû aller coucher la veille dans les environs, mais ne doutant point qu'il ne revint á la ville aussitot qu'il s'appercevrait que le vent était bon, je demandai de suite le déjeuner, afin de ne pas embarasser au moment de l'appareillage que je croyais très prochain; mais encore une fois, il n'y avait absolument rien de prêt, pas même un morceau de viande à bord, et à plus forte raison PAS DE PAIN ! ! .... Je fus à l'instant même en faire de vifs reproches au second qui honteux de tout cela, était allé se jeter sur son lit où il fesait semblant de dormir. Ce pauvre homme, bien innocent de tout ce qui se passait, me réitéra ses sincères excuses, m'assurant, ce dont je ne doutai pas, avoir bien fait demander au capitaine tout ce qui nous était nécessaire, et notamment du pain, mais que probablement il l'avait oublié, chose plus difficile à croire; car je ne pouvais concevoir qu'un capitaine ayant des passagers á son bord, put oublier deux jours de suite de leur envoyer des vivres et surtout du pain.... Craignant donc que son intention ne fut de nous mettre à la galette de biscuit pour toute la traversée, et le canot retournant à terre sur la demande du pilote qui, trouvant le vent excellent, renvoyait chercher le capitaine, j'en profitai pour faire acheter pour mon compte un sac entier de pain frais, avec le produit de quelques ustensiles que je fis vendre á cet effet par món domestique; car ayant cru partir au moment même où nous nous étions embarqués, je n'avais pas conservé, comme je l'ai déjà dit, la moindre pièce de monnaie du pays, et force me fut ainsi de m'en procurer de cette manière.

4

Le canot revint encore une fois sans le capitaine, et quoique mon domestique me dît ne l'avoir pas vû, et qu'il me répétât également qu'on le croyait à la campagne, cependant, comme aussitôt après le retour de l'embarcation, je vis le pilote, les passagers et le second lui même se disposer tous à se rendre à terre, ce dernier annonçant que nous ne partirions pas ce jour là, je commençai à douter que le capitaine fût réellement à la campagne comme on me le disait, et à soupçonner au contraire, que tous ces délais et toutes ces contrariétés n'avaient très probablement lieu que par son ordre, pour nous dégouter et nous forcer ainsi peut être à débarquer. Le second qui n'allait presque jamais à terre, se hâta cette fois de quitter le bord, comme s'il eût été peiné de tout ce qui se passait et qu'il ne voulût pas en être témoin; en nous quittant, il ne pût cependant s'empêcher de nous dire de demander au cuisinier tout ce dont nous aurions besoin, quoiqu'il sût fort bien qu'il n'y avait absolument rien, et qu'il n'ignorât probablement pas les ordres donnés à notre égard; il partit ensuite avec le pilote, ne laissant ainsi à bord que trois matelots, le cuisinier et nous, mais sans personne pour commander. — Vers midi, n'ayant pas encore déjeuné, ni presque diné la veille, je demandai au cuisinier ce qu'il comptait nous faire manger? il me répondit assez insolemment qu'il n'avait rien, et que d'ailleurs il n'avait aucun ordre à notre égard. — Je dis alors à mon domestique de tuer de suite une poule, afin d'avoir au moins de quoi déjeuner, mais notre gargotier nous répétant que le capitaine ne lui en avait pas donné l'ordre, s'y opposa formellement encore. Croyant toujours cependant que celui-ci seul était coupable, et qu'il n'agissait ainsi que par méchanceté ou par sottise, je lui promis de m'en plaindre au capitaine, ce qui toutefois ne parut pas dutout l'émouvoir. Puis, comme en définitif il nous fallait manger, et que j'avais moi-même à bord quelques volailles que je voulais emporter à Buenos-Ayres, j'en fis tuer une et la lui envoyai, en lui fesant dire de nous la préparer de suite, mais il s'y refusa pareillement, et au même instant il s'embarqua tout seul dans le canot, en disant qu'il allait à la messe. Il revint presque aussitôt, et trouvant mon domestique en disposition de faire cuire lui-même enfin la malheureuse poule, ce maudit cuisinier ne prétendit-il pas vouloir encore s'y opposer! nous déclarant seulement alors, que dès la veille, le capitaine lui avait donné l'ordre positif de ne nous rien fournir et de ne nous rien laisser faire à bord, et qu'à l'instant il venait de lui réitérer formellement les mêmes ordres.

Outré d'une telle conduite, et surtout de ce que le capitaine, au lieu de me parler franchement, m'exposait ainsi à des refus et à des humiliations de la part d'un mousse, je m'emparai d'abord d'autorité de la cuisine, puis écrivant à Mr. Schutel, qui m'avait dit avoir été fort bien traité à bord, et que je savais assez lié avec le capitaine, je le priai de lui demander la cause d'une conduite aussi incompréhensible, ne pouvant moi-même la deviner; lui ajoutant

en *post scriptum*, que si par hazard, c'était parceque le bâtiment était encore mouillé, et que le capitaine pensât ne
nous devoir la nourriture que du moment où nous serions
sous voiles, que cela ne souffrirait aucune difficulté de ma
part, quoique je ne crusse pas cette opinion très fondée cependant, et que je paierais les jours en sus ; mais qu'étant
actuellement embarqués, nous n'avions plus aucun moyen
de nous faire nourrir à terre.

J'envoyai de suite cette lettre par mon fils aîné qui
rencontra effectivement le capitaine chez M'. Schutel, et
celui-ci lui lut ma lettre en la traduisant en italien. Ils dis-
cutèrent longtems ensemble dans cette langue devant mon
fils, M'. Schutel paraissant blâmer fortement le capitaine.
Ce dernier se mettant à la fin dans une violente colère,
répondit verbalement qu'il avait effectivement défendu de
nous rien fournir, parceque nous nous étions embarqués
beaucoup trop tôt et sans son ordre, que le navire pouvait
être encore quinze jours en rade, qu'il ne pouvait donc
nous nourrir pendant tout ce tems, et qu'ainsi nous ferions
beaucoup mieux de revenir à terre et d'y attendre qu'il
nous fit prévenir. Mon fils lui répondit, — que dès la veille
le pavillon de partance étant hissé, le pilote à bord et les
vents étant bons dès la pointe du jour, nous devions naturellement nous attendre à partir d'un instant à l'autre,
et conséquemment nous embarquer, d'autant mieux que
l'avant veille déjà le bâtiment avait failli partir sans nous ;
qu'en définitif je ne demandais ni faveur ni grâce, puisque

j'offrais de payer les jours en sus. Le capitaine oubliant alors, ou feignant du moins d'oublier, qu'il m'avait dit peu de jours avant qu'il partirait par quelque vent que ce fût répliqua, — que le vent était bon en effet pour passer par la barre du Sud, mais qu'il ne voulait pas absolument sortir par cette passe qui était moins sûre que l'autre, et qu'ainsi nous pouvions être encore quinze jours, ou un mois peut être, à attendre que les vents changeassent ; — qu'il ne voulait pas d'ailleurs que l'on fit de cuisine à son bord, lui n'y étant pas, parcequ'il y aurait dans ce cas là un gaspillage épouvantable, et plus particulièrement encore dans ce moment, où il avait plusieurs passagers ne payant rien pour la plupart, qu'il serait ainsi obligé de nourrir en même tems que nous ; — qu'il lui était donc impossible par toutes ces raisons, de nous donner à manger à bord, même en payant, tant qu'il n'y était pas lui-même ; — que conséquemment, il ne pouvait que répéter, que ce qui nous restait de mieux à faire était de revenir nous établir en ville, jusqu'à ce qu'il nous fit prévenir.

Mon fils revint avec cette fâcheuse réponse, et comme je n'avais plus à terre ni logement, ni lits, qu'il n'y a aucune auberge à Ste.-Catherine, qu'avec mon escorte de cinq personnes je n'aurais sû à qui aller demander l'hospitalité sans être certain de causer un très grand dérangement, et qu'enfin d'ailleurs, je croyais comprendre que le capitaine ne me fesait toutes ces difficultés que pour me dégouter et me déterminer ainsi, soit à m'embarquer sur un autre navire

en lui laissant mes effets, soit á retourner á terre comme
il m'y engageait, pour ensuite peut être partir sans nous
ainsi qu'il avait déja manqué de le faire uue première fois,
je me trouvai donc, non seulement dans l'impossibilité ,
mais encore dans la ferme volonté de ne pas quitter le bord
tant que mes effets y seraient ; préférant supporter tous ces
désagrémens au risque de voir mes malles partir sans moi,
ce qui était l'intention du capitaine, comme la suite ne
me l'à que trop prouvé.

Je dis en conséquence à mon domestique de se rendre
le lendemain matin à terre, d'y acheter des provisions, et
je lui remis en même tems une seconde lettre pour M^r,
Schutel, dans la quelle je lui exprimais combien j'étais surpris des procédés du capitaine, appuyant surtout, sur ce
qu'ayant une dame á bord, j'aurais crû qu'il aurait montré
plus d'égards et de politesse ; lui ajoutant enfin qu'il me
paraissait bien extraordinaire que nous fussions mis á la
diéte, nous passagers *payant*, parcequ'il y avait á bord des
passagers *gratis* aux quels on ne voulait rien donner á
manger ! Je terminai, en lui disant que n'ayant plus aucun
moyen d'aller nous établir á terre, j'attendrais à bord qu'il
plût au capitaine de partir, et que j'envoyais pour cet effet
mon domestique faire des provisions.

Le lendemain matin, 18, le vent étant toujours le même, nous ne pensions pas mieux devoir partir que la veille,
quoique le pavillon de partance fut hissé de nouveau et
le pilote et les passagers à bord, puisque les circonstances

étaient toutes absolument pareilles, et j'attendais avec impatience le retour de mon domestique pour déjeuner, lorsqu'à notre grande surprise, ce fut le capitaine lui-même que nous vîmes arriver.

Aussitôt qu'il fût à bord, et sans presque daigner nous saluer quoiqu'il n'eut jamais vû ma femme, sans me parler non plus de nos discussions, et comme s'il ne se fût rien passé entre nous, il donna l'ordre d'appareiller et à l'instant même nous mimes à la voile. Mon domestique qui était arrivé avec lui, me dit avoir remis ma lettre à M^r. Schutel en présence du capitaine, au quel il l'avait lue de suite en la traduisant en Italien, et que ce dernier sortant aussitôt avec précipitation, lui avait recommandé de ne rien acheter avant son retour et de l'attendre quelques instans; — que deux heures après environ, il l'avait enfin vû revenir, mais en lui donnant en même tems l'ordre de s'embarquer de suite dans le canot, et qu'il n'avait pû faire ainsi aucune des autres commissions dont je l'avais chargé. — Je conclus de tout cela, que le capitaine ayant perdu l'espoir de se débarasser de nous, s'était enfin décidé à profiter du bon vent, et que ce n'était ainsi, qu'à ma détermination bien clairement exprimée de ne pas débarquer sans mes effets, que nous devions ce départ imprévu.

Nous appareillâmes donc, et je vis avec surprise le mauvais état des voiles, qui toutes étaient vieilles et en lambeaux. Je m'attendais aussi à chaque instant que, puisque le capitaine était à bord, l'on allait enfin déblayer le pont et arrimer tout ce qui l'encombrait, mais il n'en fut rien et tout resta dans le même désordre. On saisit seulement la chaloupe et quelques barriques, et malgré mes instances pour en faire faire autant aux caisses qui étaient dans ma chambre et sur les quelles j'avais simplement passé une petite corde, je ne pus l'obtenir ; on me répondit seulement que cela était inutile tant que nous gouvernerions ainsi, les caisses se trouvant placées sous le vent, et que l'on serait à tems de le faire si nous changions de bordée. Elles sont donc resté dans le même état jusqu'au moment du naufrage, et dans cet affreux moment, c'est ce qui a le plus contribué à ouvrir et défoncer la chambre.

Peu d'instans après avoir mis à la voile, le capitaine se trouvant près de moi, me dit que lorsque nous aurions besoin de quelque chose, nous n'avions qu'à charger notre domestique de le demander au cuisinier, qui avait l'ordre de lui fournir tout ce qui nous était nécessaire. N'ayant presque rien mangé depuis deux jours, je fus à l'instant moi-même savoir ce qu'il comptait nous donner à déjeuner, puis qu'enfin la consigne à notre égard était levée ; mais ce cuisinier de malheur, me répondit avec sang-froid, qu'il n'avait que *des Olives & des Sardines!* nourriture fort délicate il est vrai, mais très peu restaurante lors qu'on est à jeun depuis 48 heures ; faute de mieux cependant, et pressés par la faim, nous acceptames *les Sardines & les Olives*, en espérant toutefois que le diner serait meilleur. — Après avoir attendu longtems encore ce frugal déjeuner, il nous

fut à la fin servi dans notre chambre même, et j'engageai aussitôt le capitaine à venir se mettre à table, mais
il s'y refusa, sous le prétexte qu'il ne mangeait pas aux mêmes heures que nous; il me dit de plus, que dorénavant
nous pouvions nous faire servir dans notre chambre comme
nous l'entendrions. Cette réponse m'étonna d'autant plus,
que dès l'origine il avait été convenu que nous mangerions
ensemble; les heures des repas ayant même été fixées à 9
heures pour le déjeuner, et à 4 heures pour le diner, comme c'est assez généralement l'usage à bord, et heures aux-
quelles d'ailleurs, nous avons tous constamment mangé. —
— En réfléchissant plus tard sur cette conduite du capitaine,
tant actuelle que postérieurement et antérieurement, je n'ai
pu me l'expliquer d'une autre manière, qu'en supposant que
cet homme, après avoir tenté vainement tous les moyens
en son pouvoir pour nous empêcher de faire le voyage avec
lui, tout en gardant nos effets qu'il aurait toujours trouvé
le moyen de sauver en totalité ou en partie, venait enfin,
puisque tel était notre destin, de prendre le parti de nous
y abandonner, et de se tenir toujours autant que possible
éloigné de nous, afin de n'avoir pas trop à s'apitoyer au
moment de l'évènement, ni s'attacher à des gens qu'il se
proposait de noyer..... Quoiqu'il en soit, nous mangeâmes
seuls pendant toute la traversée, mais toujours servis par
notre propre domestique qui fut encore obligé de nous faire
lui-même la cuisine, car autrement nous n'eussions pas diné
deux fois pendant ce triste et malheureux voyage.

5

Le vin qu'on nous servit dès le premier jour, était un mauvais vin de matelot : — J'en demandai du meilleur, on me répondit *qu'il n'y en avait pas d'autre à bord*, et comme nous en bûmes une bouteille *entière* entre nous cinq, cela fut probablement trouvé *exhorbitant*, car le 3e. jour on ne nous servit plus que du vin trempé, c'est-à-dire avec la bonne moitié d'eau.... Dès cet instant, ayant eu l'heureuse précaution d'embarquer avec nous une caisse de vin et des provisions, j'en fis usage le reste de la traversée et ne demandai plus, ni vin, ni pain même, car le peu qu'on en avait embarqué était détestable. — Je demandai du thé, *il n'y avait pas même de théière ;* — du café, *il n'y avait pas de cafetière ;* — enfin il ne nous fut pas possible d'obtenir seulement *une nape propre*, car celle que l'on mit sur notre table les premiers jours, servait probablement depuis l'armement du navire, et nous fûmes encore dans l'obligation de nous fournir jusqu'à notre linge. — Toutes les provisions fraiches faites à Ste. Catherine par le capitaine, (indépendamment d'une certaine quantité de poules, à bord déja depuis Gênes à ce qu'il m'avait dit lui-même,) consistaient UNIQUEMENT *en un gros Veau* qui fut embarqué le jour même du départ et tué dès le lendemain. — Ayant tous été malades les deux ou trois premiers jours, nous fimes fort peu d'attention à la nourriture qu'on nous donnait, mais à la fin, ma femme continuant à être gravement incommodée et voyant toujours reparaitre cette même viande, qui déja avait de l'odeur, je dis à mon domestique de tuer une poule;

et comme la cuisine était disposée de manière à ne pouvoir recevoir que deux marmites à la fois, et qu'il fallait faire les repas de l'équipage, puis ceux du capitaine, avant que l'on s'occupât du nôtre, il en résultait que nous avions de la peine à déjeuner avant midi ; je recommandai donc à mon domestique, de préparer chaque jour un dîner assez copieux pour qu'il pût en rester suffisamment pour le déjeuner du lendemain, afin de n'avoir ainsi besoin des fourneaux qu'une seule fois par jour. Pour cet effet, je lui avais dit de choisir l'une des plus grosses poules ; mais au moment où il allait la tuer, le capitaine lui-même vint la lui retirer des mains et lui donna en place un *tout petit poulet ! ! !* — Tel a été notre ordinaire pendant cette traversée, et l'on peut calculer notre consommation pour tout le voyage, à *quatre poulets, deux bouteilles de vin, un peu de riz, de vermicelle, de pommes de terre et de fromage*, le tout à partager entre cinq personnes et bien plus même, car j'avais beau recommander à mon domestique de nous conserver quelque peu de chose du dîner pour le déjeuner du lendemain, jamais cela ne lui a été possible, tant ces malheureux passagers attendaient avec avidité les plats à la porte de notre chambre, pour dévorer ce qui pouvait y rester, le capitaine ne les nourissant presque uniquement que *de bananes* et *d'oranges*.

Plusieurs fois je fus sur le point de me plaindre de ce traitement ; mais ma femme, redoutant autant que moi les difficultés, m'engageait toujours à prendre patience, en

m'observant que sous peu de jours nous serions probablement arrivés, et qu'il ne valait pas la peine d'entrer en
discussion pour aussi peu de tems. Le capitaine d'ailleurs
était tellement intéressé, il surveillait si soigneusement le
peu qui venait sur notre table, il traitait si mal ses autres
passagers, que je compris que mes réclamations seraient
en pure perte. — Je pris donc ainsi patience jusqu'au dernier moment, et les journées des 18, 19, 20, 21 & 22
Mars se passèrent de cette manière, sans que le capitaine daignât nous venir voir une seule fois, quoique ma
femme ait été presque constamment malade.

Tels sont les évènemens qui ont précédé notre malheureux naufrage. Si je suis entré dans d'aussi minutieux détails, si j'ai fatigué l'attention peut-être, en rapportant des
circonstances insignifiantes en apparence, c'est que j'ai voulu mettre chacun à même de bien apprécier la position
dans laquelle nous nous sommes trouvés, afin d'en tirer ensuite les conséquences probables; car, la lumière jaillit d'u-
ne étincelle, et il suffit quelquefois d'un fait isolé et indif-
férent au premier coup d'œil, pour faire découvrir la trame
la mieux ourdie et la plus obscure; et ce n'est d'ailleurs,
que de cette réunion de faits, de cette succession de circonstances hostiles, que l'on peut tirer une induction de
probabilité sur *les intentions* du capitaine.

J'ai donc cru devoir tout faire connaître, les faits les
plus simples et les plus indifférents en apparence, comme
les plus graves et les plus importants, puisque ce n'est que

de leur réunion et de leur ensemble que pourra sortir un jour la vérité. Que ceux, qui ont eu le courage ou l'obligeance de me lire jusqu'ici, veuillent bien donc m'excuser en faveur d'un motif, qui m'a paru assez puissant pour me déterminer à écrire et publier cette longue série de minutieux détails.

Il me reste à raconter l'évènement affreux des horreurs duquel j'ai peine encore à me croire délivré: ma plume pourra-t-elle le décrire exactement! ! saura-t-elle exprimer mes angoisses pendant cette longue et cruelle agonie de quatorze heures, où la mort la plus horrible, se représentant sans cesse sous toutes les formes et de tous les côtés, me forçait constamment à combattre pour la repousser moi-même, ou lui arracher ceux des miens qu'elle me ravissait déja! ! ! Il faudrait, je le sens, une plume bien autrement exercée que la mienne, pour retracer fidèlement cette épouvantable catastrophe; car, il est des émotions telles, que l'homme même le plus éloquent, ne peut que difficilement les exprimer; comment donc, *moi pauvre écrivain par circonstance*, pourrai-je m'en acquitter autrement, qu'en en donnant une grossière ébauche ! Je vais néanmoins m'efforcer de l'esquisser.

SECONDE PARTIE.

——✳——

NAUFRAGE.

Le Samedi 23, les vents, qui jusqu'alors avaient été de la partie du Nord et du Nord-Est, passèrent au Sud-Ouest et nous gouvernâmes au plus près, portant ainsi le cap à l'Ouest. Cette route nous conduisant droit sur la terre, je supposais que nous virerions de bord sur le soir pour ne pas trop nous en approcher; mais les vents ayant alors hâlé le Sud, nous continuames la même bordée en gouvernant toujours au plus près : le tems ayant été couvert toute la journée on ne put prendre hauteur.

Le Dimanche 24, le tems étant superbe et les vents toujours à peu près de la même partie, nous eumes connaissance de la terre sous le vent à nous dès le matin ; les uns assuraient que nous étions près de Maldonado, d'autres que c'était le cap St⁰. Marie, d'autres enfin que nous étions en dehors du cap. — Je demandai au capitaine ce qu'il en pensait ? – C'est la côte, me répondit il simplement, et à midi nous connaitrons précisément notre position. — Plus nous avancions, plus la terre se voyait distinctement en se

prolongeant devant nous; à midi, le tems continuant à être
très clair, le second prit hauteur, fit ses calculs, et annon-
ça que nous étions par le travers du cap Ste. Marie qui
demeurait sous le vent à nous à une lieue et demie environ.
Nous continuames en conséquence de porter le cap au Sud-
Ouest, par une brise régulière de Sud, serrant toujours le
vent le plus possible et fesant environ de 3 à 4 milles par
heure, ce qui peu à peu nous éloigna de terre et nous la
perdimes de vue vers les cinq heures du soir.

Toute cette journée le capitaine fut d'une préocupation
extraordinaire, ne répondant point à ce qu'on lui disait, regardant sans cesse la terre, montant sur les mâts, courant
de l'arrière à l'avant, témoignant en un mot la plus grande
anxiété, manifestant la plus vive émotion, ce que j'attribuai
naturellement alors aux approches de la côte, moment toujours plus où moins critique pour un capitaine, sur lequel
pèse toute la responsabilité. — Néanmoins, je fus très surpris que manifestant autant d'inquiétude, le capitaine ne fit
pas déja préparer les ancres, étalinguer les cables et débarrasser la chaloupe, précautions que j'avais constamment vû
pratiquer en pareille circonstance; mais le tout resta dans
le même état, rien absolument ne fut disposé en cas de
mouillage, et ce n'a été que plus tard, lorsqu'après l'évé-
nement je me rappelai l'émotion extraordinaire du capitaine
pendant cette fatale journée, que j'ai crû y découvrir une
toute autre cause que celle produite par l'inquiétude de
l'attérissage.

Sur les 7 heures du soir environ, au moment d'aller me coucher, je demandai au capitaine si nous avions déja passé l'isle de Lobos? — Non, me répondit-il, nous en sommes encore loin et nous ne la passerons que dans la nuit. — Le tems étant devenu sombre et pluvieux, je lui demandai encore avant de me retirer, si nous ne virerions pas bientôt de bord? — Non je ne le pense pas, mais au reste nous suivrons les vents, et comme il est probable qu'ils hâleront le Sud dans la nuit comme ils l'ont fait dans la précédente, je crois que nous suivrons la même bordée jusqu'à notre arrivée.

Vers les midi, nous avions eu connaissance de deux bâtimens qui suivaient notre route, et que l'on supposait se diriger également à Montevideo; à la nuit ils se trouvèrent très près de nous, et je remarquai que l'un d'eux fit serrer ses perroquets, tandis que notre capitaine, loin de rentrer les siens, fit mettre dehors ses cacatois. Ces deux manœuvres, si différentes l'une de l'autre, donnèrent lieu de ma part à l'observation, qu'il fallait que le capitaine du bâtiment en vue, fût beaucoup plus prudent ou beaucoup moins sûr de sa route que le nôtre, et je n'y pris pas autrement garde pour le moment; mais cela comme tout le reste ne tarda pas à s'expliquer.

Le tems devenant pluvieux et par grains, je fis soigner tous nos animaux, je dis à mon domestique de venir passer la nuit dans notre chambre, et me trouvant moi-même fort mal à mon aise, je fus me coucher de très bonne heure.

Mais, une vague inquiétude, une espèce de pressentiment funeste m'agitait et m'empêchait de dormir. La quantité de voiles que nous avions dehors, leur très mauvais état, le voisinage de la terre, la remarque faite que l'on ne sondait que d'heure en heure, celle bien plus importante encore, que rien n'était disposé pour le mouillage en cas d'évènement, c'est-à-dire, que ni les cables ni les ancres n'étaient prêts, et que la chaloupe et le canot étaient aussi encombrés, aussi peu disposés à être mis à l'eau que si nous eussions été à 200 lieues de terre, tout en un mot m'alarmait, comme si j'eusse pu prévoir notre sort prochain. Ne pouvant dormir, je me rappelai involontairement que plusieurs fois dans la traversée le capitaine nous avait dit que c'était la *dernière fois* qu'il montait ce bâtiment, en ayant un autre plus petit à Montevideo dont il voulait prendre le commandement! et sans avoir encore cependant le plus léger soupçon sur ses intentions, je ne pouvais toutefois m'empêcher de trouver bien singulier qu'il songeât à abandonner un grand et beau bâtiment pour une toute petite goëlette. — Je me rappelai encore, qu'il nous avait souvent répété qu'il ne lui était jamais arrivé de malheur, sauf un seul, au sujet duquel il était en procès à Gênes depuis cinq ans. — " Je naviguais alors dans la Méditerranée, " nous avait il dit, " et je commandais un grand bâtiment très richement " chargé, sur lequel j'avais embarqué moi-même une somme " assez forte m'appartenant, (je crois me rappeler qu'il " nous dit que c'était dix mille Piastres); mes passagers au

" nombre de cinq ou six, avaient aussi avec eux des som-
" mes considérables tant en or qu'en argent, mais le navire
" et la cargaison, leur argent et le mien, tout en un mot
" était assuré. Aprés quelques jours de voyage, nous fûmes
" rencontrés et pris par des Pirates qui enlevèrent la cargai-
" son, l'argent et tout ce que nous possédions à bord, nous
" laissant seulement la vie, après toutefois nous avoir fait
" prêter serment que jamais nous ne révélerions rien qui
" pût leur nuire. Ces pirates, qui étaient un ramassé de
" toutes les nations, Italiens, Anglais, Espagnols, Français,
" Américains, &a., après avoir enlevé du navire tout ce qui
" pouvait leur convenir, ils nous en rendirent la coque seule
" et nous renvoyèrent ainsi dépouillés. Mais à notre arrivée
" à Gènes, les assureurs et les passagers eux-mêmes, n'eu-
" rent ils pas l'infamie de m'accuser devant les tribunaux,
" d'être le complice de ces pirates et d'accord avec eux
" pour ensuite partager tout le butin! Il s'en est suivi un
" maudit procès qui dure depuis cinq ans, et sans que je sa-
" che encore quand j'en pourrai voir la fin. "

Tel était le récit qu'il nous avait fait lui-même de ce
singulier évènement, et y ayant donné fort peu d'attention
dans le moment, je ne sais pourquoi il venait alors se re-
présenter à ma mémoire comme un affreux pressentiment,
et les idées les plus sinistres ne cessant ainsi de m'assaillir
pendant cette fatale nuit, je la passai dans une insomnie
presque continuelle.

Vers dix heures environ, j'entendis tout-à-coup un grand

bruit et beaucoup de mouvement sur le pont, avec des cris
de *horsa, horsa* (lofer, serrer le vent) ; je m'informai de
suite de ce que c'était, et j'appris que l'un des bâtimens
qui était près de nous venant subitement de virer de bord,
et la nuit étant très obscure, nous avions failli nous abor-
der ; mais qu'il était déja bien loin et qu'il n'y avait plus
aucun danger. — Demi heure plus tard environ, mon domestique s'appercevant que je ne dormais pas, m'avertit qu'il y
était entré de l'eau dans la chambre et qu'on l'entendait
courir à chaque coup de roulis ; j'en avisai le capitaine qui
était à causer sur le pont, et il appela un matelot qui vint
aussitôt l'enlever ; mais comme il fallut pour cet effet écar-
ter un peu mes caisses, et qu'elles ne furent point remises
à leur place lorsque l'ouvrage fut achevé, le capitaine disant qu'on serait à tems de le faire le lendemain, cela à
été une fatalité de plus, car ces caisses ayant ainsi cessé
d'être appuyées, ont emporté de suite les cloisons de notre
chambre lorsque, quelques heures plus tard, le navire vint
à se coucher. Pendant que l'on enlevait cette eau, le capitaine étant resté sur le seuil de la porte de notre chambre,
je lui demandai quel tems nous avions? " bon tems et bon
" vent, tout vas bien, " me répondit-il. — Nous nous recou-
châmes tous, espérant enfin achever tranquillement notre
nuit ; mais à peine commençai-je à m'assoupir que, vers minuit, je fus encore une fois réveillé en sursaut par la voix
du capitaine qui parlait à l'homme qui était à la barre : car
n'étant séparé de ce dernier que par une simple porte à

jalousie, l'habitacle et le compas se trouvant placés dans notre chambre même, j'entendais facilement tout ce qui se passait sur le pont. Prêtant aussitôt l'oreille pour connaître la cause de ce nouveau mouvement, je crus comprendre que l'on venait en changeant de quart de relever le timonnier, et que le capitaine donnait ses ordres au nouvel arrivé, qu'à sa voix je reconnus être *le passager* FRANCISCO DE PAULA, homme âgé et craintif.

On fesait en ce moment quelques manœuvres pour changer la disposition des voiles, et encore à moitié endormi je ne distinguai clairement ce qui se disait que lorsque j'entendis le dialogue suivant s'établir entre le capitaine et le timonnier, car, les premières paroles déja, me surprirent tellement qu'elles me réveillèrent tout-à-fait, et je me mis aussitôt sur mon séant pour mieux entendre.

— Le capitaine répondant probablement à une question du timonnier sur la route à suivre, terminait en ce moment sa phrase en disant: *au Nord ou au Nord-Ouest !* .... Ce furent les premières paroles que j'entendis disctinctement.

— *Mais est-ce au Nord, ou bien au Nord-Ouest Monsieur le Capitaine ?* lui répondit Francisco.

— *Nord, Nord, Nord-Ouest, c'est la même chôse (es lo mismo); au Nord, au Nord (al Norte, al Norte) ! !*

— *Au Nord Monsieur le Capitaine !* répéta de nouveau Frncisco d'un ton qui indiquait la plus vive surprise.

— *Oui, oui au Nord, vous dis-je.*

— *C'est bon Mr. le Capitaine, cela suffit, au Nord.* ...

· · - Puis quelques secondes après, le capitaine ayant probablement jeté de nouveau les yeux sur le compas, ajouta d'un ton de colère : *Que faites vous donc ? où allez vous ? ce n'est pas au Nord-Est que je vous ai dit de gouverner, c'est au NORD, m'entendez vous !*

— *J'y suis M*ʳ. *le Capitaine, j'y suis*, ajouta bien vite Francisco, *voilá le NORD ! ! !*

Au même instant, le bâtiment qui n'avait cessé de rouler dûrement toute la journée, devint tout d'un coup calme et tranquil et l'on n'apperçut presque plus aucun mouvement. Cette transition subite fut tellement sensible, que ma femme qui venait comme moi d'être réveillée par la conversation du capitaine, me demanda aussitôt d'où provenait cet heureux changement, et si déja nons avions mouillé. Je lui répondis qu'il me paraissait que nous venions de changer de route, que nous devions être actuellement vent arrière et que tant que nous gouvernerions dans cette direction nous serions parfaitement tranquils, qu'elle pouvait donc ainsi dormir bien paisiblement.

Quant à moi, loin d'être rassuré par ce calme subit et tous ces changemens, cela ne fit qu'accroître mon inquiétude. – Je ne pouvais concevoir qu'un capitaine donnât un ordre aussi vague, aussi peu précis, que celui de gouverner *au NORD, ou au NORD-OUEST !* – Il me semblait qu'une différence de rumb de *quatre quarts*, dans une rivière surtout, était par trop considérable.... Encore si c'eut été dans toute autre direction qui nous éloigna de terre, j'aurais supposé que le capitaine s'étant reconnu trop près de la côte, toute route lui était bonne pourvu qu'elle l'en relevâ le plus vite possible; mais au contraire, il nous fesait subitement arriver de *DOUZE QUARTS*, (*du Sud-Ouest au Nord*)! et cela pour nous en rapprocher encore! Quelle pouvait donc être son intention? où allions-nous? car, récapitulant notre posision à midi, la route que nous avions pu faire dès lors, les vents contraires de Sud que nous avions éprouvés toute la journée et enfin le cours de la rivière, qui dans cette partie coule de l'Ouest à l'Est, tout en un mot venait me convaincre que le NORD, c'était la terre... Ne pouvant donc en aucune manière me rendre raison de ce changement subit de direction, je me persuadai en définitif que, soit par la vue du fanal du Cerro, soit par toute autre cause que j'ignorais, le capitaine venait de se reconnaitre par le travers de Montevideo et qu'il fesait probablement gouverner pour donner dans le port, puisque c'était le seul point à ma connaissance, sur le quel on put gouverner avec sécurité dans cette direction, et surtout par une nuit aussi noire et avec toutes les voiles dehors. Je finis même par en être tellement convaincu, que je ne pus m'empêcher de réveiller encore une fois ma femme pour lui dire qu'elle pouvait être sure de déjeuner à Montevideo, étant probable que nous avions fait dans la journée beaucoup plus de chemin que nous ne l'avions cru, puis qu'il fallait nécessairement que nous fussions très près de ce port, pour que le capitaine eût donné l'ordre de gouverner *au Nord*.

Charmée de cette bonne nouvelle, ma femme se rendor-
mit bientôt tranquillement, tandis que continuant tous mes
calculs, je passai sans cesse de l'assurance à l'inquiétude
et de la crainte à la confiance, finissant toujours cependant
par conclure, qu'il fallait que le capitaine ne fût pas trés
sur de sa route pour avoir donné un ordre semblable; aussi
dix fois, fus-je sur le point de me lever pour aller lui demander la position précise dans laquelle il supposait que
nous étions. Que n'ai-je, hélas, suivi cette heureuse idée !
mais la veille déja, le capitaine m'avait paru tellement contrarié lorsque je lui adressai une question pareille, n'étant
d'ailleurs pas marin moi-même, supposant toujours en définitif que je me trompais et que le capitaine à cet égard
devait en savoir plus que moi, m'appercevant enfin que le
second, qui était celui au quel j'aurais le mieux pû m'a-
dresser en cette circonstance, n'était pas sur le pont, tout
en un mot m'en détourna; et, n'ayant pas encore dormi de
cette nuit, toujours réfléchissant et calculant je finis par
m'assoupir en répétant encore, *au Nord, au Nord, mais où
sommes nous donc pour gouverner au NORD !* ......

— A peine demi heure ou trois quarts d'heure s'étaient-
ils écoulés, que des cris effrayans me réveillent tout-à-coup
de nouveau; un homme, à l'avant du navire, criait avec
effroi : *terre, terre devant nous! des brisans, des brisans! lofe,
lofe; arrive, arrive, (horsa, horsa)! !* .... Bientôt la voix
du capitaine se fait entendre par dessus toutes les autres,
les ordres se succèdent, chacun crie, chacun courre, chacun

commande! en un instant tout est en mouvement sur le
pont! Je me lève aussitôt, j'allume une lumière à l'habitacle et je dis à ma femme et à mes enfans de se lever
et de s'habiller bien vite, car un pressentiment indéfinis-
sable m'avertissait que nous étions perdus, et ma première
parole fut pour m'écrier que nous périssions par la seule
volonté du capitaine qui venait de donner l'ordre funeste
de gouverner au Nord!

· Mon domestique ayant été de suite sur le pont voir ce
qui se passait, revint bientôt me dire que le bâtiment ne
pouvant virer de bord et les courans nous portant toujours
plus à terre, le second, qui était couché depuis minuit à
ce que je crois, et qui venait d'arriver sur le pont, se hâtait de tout disposer pour le mouillage; mais comme les
ancres n'avaient pas même été étalinguées, qu'elles étaient
encore sur le pont au premier cri de *terre*, il se passa plus
d'un quart d'heure, et quoique tous les matelots et passagers y donnassent la main, avant que l'on pût parvenir à
en mouiller une seule, et lorsque déja nous n'étions plus
guère qu'à une encablure des brisans, ce qui ne permit de
filer que fort peu de cable. Dès que l'on eût mouillé, on
serra toutes les voiles, à l'exception de la brigandine qui
resta bordée; le navire vint alors debout au vent et, de la
porte de ma chambre, je voyais parfaitement bien la terre à
la distance d'une bonne portée de fusil et directement derrière le navire. Les matelots cependant, s'occupaient en
toute hâte à préparer une seconde ancre et à débarrasser la

chaloupe, le capitaine fesant jeter indistinctement à la mer tout ce qui l'encombrait et tout ce qui gênait sur le pont. — Il pouvait être une heure du matin; la nuit était fort obscure, le vent peu fort et toujours de la partie du Sud, mais il pleuvait légèrement et par grains. — Le passager Joachim Pintos vint se réfugier dans notre chambre, la figure bouleversée, pleurant et se lamentant, disant que nous étions perdus, que nous allions tous périr; le passager Francisco de Paula sanglottait sur le pont, en invoquant tous les Saints du Paradis et disant aussi que nous n'avions plus que quelques instans à vivre; tous les matelots et le capitaine lui-même paraissaient troublés et épouvantés, et dans cette première scène d'effroi, le seul qui me parût conserver un peu de calme et de sang-froid fut le passager Thomas Dias; le mousse passager Jacinto, auquel j'avais permis de mettre son coffre dans notre chambre, et qui en était déja à son troisième naufrage, vint en toute hâte prendre ses effets, les mit dans un sac et s'en fut avec cela sur le pont pour être prêt en cas d'évènement. De notre côté, nous fimes à la hâte quelques paquets des premières hardes qui nous tombèrent sous la main, dans l'espoir de les emporter avec nous si le navire venait à se perdre, et dans le cas où, comme nous l'espérions, nous parviendrions à nous sauver dans la chaloupe; nous plaçames de plus dans une petite cassette fermant à clef, tous nos bijoux et objets les plus précieux, tous mes brevets, diplômes, titres et papiers de famille, que je sortis par réfléxion du tiroir de mon

7

nécessaire, où je les tenais habituellement, pour les enfermer dans cette cassette, pensant qu'ils y seraient plus en sureté, parcequ'étant très légère et pouvant ainsi se transporter facilement j'espérais pouvoir ne pas la quiter; mais, bien au contraire, c'est mon nécessaire duquel j'avais tout retiré qui a été sauvé, tandis que cette cassette qui contenait tous nos objets les plus précieux, a été perdue.

En rangeant à la hâte mes papiers, j'aperçus les manuscrits de la *Collection générale des Marques du Bétail de la Province de Buenos Ayres*, ouvrage considérable dont j'avais entrepris la publication depuis plus de trois ans, et dont il n'y avait encore paru guère que la moitié; ces papiers m'avaient été envoyés à Ste. Catherine pour terminer l'ouvrage, et y ayant travaillé pendant toute la traversée je les avais heureusement placés près de moi; songeant de suite au tort irréparable que la perte de ces manuscrits causerait aux souscripteurs, en me mettant dans l'impossibilité d'achever cet ouvrage, sans hésiter d'avantage je retirai de mes poches une boite de bijoux de ma femme et d'autres objets précieux, et j'y plaçai soigneusement aussitôt tous ces papiers: et comme ils étaient extrémement volumineux et qu'ils ne pouvaient tous y entrer, je me liai solidement le surplus autour du corps, et toutes ces précautions ainsi prises à la hâte nous attendimes paisiblement notre sort. De temps en temps j'allais sur le pont voir ce qui se passait, mais j'avais beau interroger tout le monde, chacun était trop occupé, trop affairé, pour que l'on songeât à me répondre.

Appercevant enfin le capitaine qui descendait en courant dans sa chambre, sans être venu encore nous adresser un seul mot de consolation, je lui demandai s'il savait sur quel point de la côte nous nous trouvions actuellement ? " Je l'ignore complettement, me répondit-il, mais tout cela n'est rien, et si le vent ne fraichit pas il n'y a aucun danger et demain au jour nous nous tirerons de là. Au reste, m'a-jouta t-il, tout ce que je viens de faire faire n'est que par précaution et en cas d'évènement, ainsi donc allez vous coucher, soyez tous parfaitement tranquilles et dormez en repos, car nous sommes à l'ancre et il n'y a rien à crain-dre pour le moment; quant à moi, je vais me changer et me reposer car j'en ai grand besoin, ainsi bonsoir..... "

Un peu rassuré par ces paroles, je rentrai dans ma chambre, j'en fis sortir le passager Pintos qui continuait ses lamentations, et je dis à ma femme et à mes enfans de se recoucher; mais leur inquiétude était encore trop grande pour qu'ils pussent se livrer au sommeil, et ils s'assirent seulement sur le pied de mon lit; me trouvant moi-même très mal à mon aise par suite du violent roulis que nous éprouvions depuis quelques instans, j'ôtai simplement ma veste et je me couchai ainsi tout habillé.

A peine, deux minutes au plus s'étaient écoulées, que de nouveaux cris, plus affreux encore, se font entendre sur le pont !...... C'était le cable qui venait de casser et l'on se hâtait de mouiller la seconde ancre,.... mais il était trop tard,.... et je n'eus pas même le temps de remettre

ma veste, que trois violens coups de talon se firent sentir successivement, le gouvernail est démonté et brisé, le navire vient en travers et dès lors le naufrage est inévitable..
...... Courons à la chaloupe, dis-je de suite à ma famille, et nous nous précipitons tous aussitôt hors de la chambre emportant avec nous quelques uns des objets que nous avions préparés dans la nuit ; mais à peine étions nous dehors, qu'une effroyable lame s'élançant par notre travers, jette le navire sur le côté, et emporte la chaloupe que je croyais déja à la mer et qui n'avait été que désaisie, cette dernière brisant et entrainant avec elle tout le bastingage de tribord.

Cette première lame nous surprenant ainsi, allait tous nous engloutir, si, abandonnant tout ce que je portais, je n'étais parvenu à m'accrocher solidement à un cordage, tandis que mon fils ainé violemment renversé sur le pont, était retenu lui-même par un pied, qui se trouva heureusement engagé entre deux caisses ; mais, ma femme et mon fils cadet âgé de sept ans, disparaissaient déja dans les flots, lorsque, guidé par les cris de ce dernier, j'ai le bonheur de l'appercevoir se débattant sur l'eau, et de le saisir par les cheveux, au moment où le navire en se relevant, allait m'ôter toute possibilité de le retrouver. Mon fils ainé de son côté conserve assez de présence d'esprit, pour saisir par un bras sa mère, renversée comme lui, et qui presque sans connaissance, se trouvait déja à moitié hors du bâtiment ; mais de nouvelles masses d'eau se précipitaient sur nous sans relâche, et il n'avait plus la force nécessaire pour la retenir d'avantage!...... je l'entends alors s'écrier d'une voix déchirante:—*ma Mère, ma Mère, Sauvez ma Mère!!*...... Dans la plus affreuse angoisse moi-même,...... ne sachant plus lequel je dois secourir,....... s'il me faut abandonner mon fils pour sauver sa mère, où laisser périr ma femme pour conserver mon enfant,...... j'appelle aussi du secours à grands cris,...... mais en vain!!...... personne au monde ne s'occupait de nous...... Dans l'ivresse du désespoir, me cramponnant d'une main à un morçeau du pont en luttant contre la mer qui m'entrainait à chaque lame, puis, saisissant avec les dents l'habillement de mon fils cadet, je profite du moment où le navire se relevait avec fracas, pour soutenir promptement de l'autre main ma femme, et je lui aide ainsi à se replacer du moins sur le pont, lui recommandant seulement de saisir avec force le premier objet solide venu; mais, sa faiblesse était telle, qu'elle ne m'entendait pas même, et le bâtiment venant alors à se recoucher du même côté, de nouvelles masses d'eau nous enveloppent de toutes parts......!! Ne pouvant plus y résister, sentant mes forces m'abandonner, j'allais aussi perdre tout courage, et je n'attendais plus que l'instant où ma femme disparaitrait dans les flots pour m'y précipiter avec elle et mon enfant, lorsque la Polacre se redressant encore une fois, me permit de placer solidement mon fils derrière un mât, et je pus alors aider l'ainé à retirer tout

à-fait ma femme de la mer; puis, nous cramponnant tous
à ce qui se présentait à nous, particulièrement à mon fils,
qui toujours retenu par un pied, nous offrait ainsi un
point solide d'appui, nous attendîmes quelques minutes que
le navire fût plus tranquille, nous débarassant autant que
nous le pouvions de nos manteaux, schals et autres gros
habillemens qui présentant beaucoup de surface à l'eau
nous gênaient dans nos mouvemens. Le navire, après
s'être couché deux où trois fois encore, tantôt d'un côté,
tantôt de l'autre, finit par demeurer tout-à-fait sur celui
de tribord; mais, comme dans cette position il prêtait le
flanc aux lames, de nouvelles montagnes d'eau se précipitaient à chaque instant sur nous en tourbillonnant avec
furie, menaçant de nous engloutir de nouveau !! On eût dit
que les flots nous regardant déjà comme une proie assurée,
ne pouvaient se décider à nous quitter sans emporter une
victime au moins !.... — Ne pouvant donc rester plus long-
temps dans cette position, et craignant d'ailleurs à chaque
instant que les mâts, que nous entendions craquer de toutes
parts avec un bruit affreux, ne vinssent à se briser et qu'ils
ne nous écrasassent sous leurs débris, je dis à ma famille
de tâcher de profiter des intervalles d'une lame à l'autre
pour essayer de rentrer dans notre chambre, qui jusqu'alors
était restée intacte.

Après des efforts inouis, en nous accrochant avec les
dents, les pieds et les ongles à tout ce qui nous offrait
quelque appui, après avoir vingt fois risqué d'être rejettés

à la mer, et au bout d'une mortelle demi heure de travail et d'angoisses, pendant laquelle personne au monde ne vint nous tendre une main secourable, nous parvinmes à rentrer tous les quatre dans notre chambre, sans aucune blessure grave il est vrai, mais couverts de contusions plus où moins fortes, mouillés jusqu'aux os et presque nuds; car, ma femme s'étant habillée très à la hâte, avait cru se couvrir suffisamment avec un manteau et deux schals cachemire qu'elle désirait sauver, mais le tout ainsi que son chapeau venait d'être emporté à la mer; j'avais aussi perdu mon manteau; mes enfans n'avaient plus ni souliers, ni chapeaux, et nous ne savions plus même ou trouver de quoi nous changer, car tout ayant été bouleversé dans notre chambre, les lumières éteintes, la plus profonde obscurité venait augmenter les horreurs de cette scène épouvantable, et nous ne pouvions plus rien reconnaitre, plus rien retrouver.

Au milieu de cet effroyable désordre, ce ne fut qu'avec beaucoup de peine que nous parvinmes à nous placer vers la porte de l'arrière, et y trouvant encore un de nos matelas, j'essayai d'en couvrir ma femme pour la réchauffer, car, n'ayant plus pour tout vêtement qu'une simple robe et une chemise toutes dégoutantes d'une eau glacée, je craignais avec raison que, malade surtout comme elle l'était, le froid venant à la saisir, ne lui otât les forces nécessaires pour supporter les nouvelles fatigues qui nous attendaient, si toute fois nous échapions à la mort qui nous paraissait à chaque minute plus inévitable.

A peine venions nous de rentrer dans notre chambre que l'un des matelots nous y suivit; il se plaça tout-à-fait dans le fond, s'assit sur les caisses renversées, et dès lors il n'en a plus bougé de toute la nuit. Divers autres matelots et passagers, vinrent bientôt aussi se réfugier les uns après les autres près de nous, car il n'y avait déja plus possibilité de descendre dans la chambre du capitaine entièrement submergée, et d'où l'eau jaillissait à gros bouillons par les claires-voies. Chacun cherchait donc à se mettre à l'abri des lames épouvantables qui ne cessaient de couvrir tout le bâtiment dans la position où il demeurait fixé, position due je pense, à ce que la dernière ancre mouillée ayant tenu bon, elle rappelait le navire de l'avant, tandis que la brigandine encore bordée le fesait venir par le travers. Il n'y avait ainsi aucune place de tenable sur le pont, tandis qu'au contraire, si on eut serré la brigandine et laissé tomber la misaine ou la grand voile en filant du cable à mesure, nous serions venus de bout au vent, et tout l'arrière du moins aurait été à l'abri des lames. Cette manœuvre bien simple, aurait eu d'ailleurs le double avantage de nous pousser à terre autant que possible et de faciliter ainsi le débarquement; mais il eut fallu pour cet effet que le capitaine s'occupât du salut commun, tandis qu'au contraire, oubliant tous ses devoirs, il n'y songea pas un instant, puisque du moment où le navire eut touché, pas un seul ordre ne fut donné, ni pour améliorer notre position, ni seulement pour diminuer les chances de malheur!

On eut dit, que nous étions rendus à notre destination, et qu'il ne lui restait plus rien à faire......! qu'à nous voir tous périr......!!

Dés que nous fumes parvenus à rentrer dans notre chambre, mon premier soin fut de nous attacher solidement les uns aux autres, afin de nous sauver ou de périr ainsi tous les quatre ensemble, m'attendant à chaque instant à voir le bâtiment s'entrouvrir, où tout au moins notre chambre enlevée avec nous, tant étaient énormes les masses d'eau qui, à chaque seconde, s'y précipitaient avec furie. Je cherchai néanmoins par tous les moyens en mon pouvoir et notamment par mon exemple, à soutenir le courage de ma famille, convaincu que, si un seul instant nous nous laissions aller au découragement, nous étions perdus; j'eus le bonheur d'y réussir, et en ce moment encore je suis persuadé qu'à cela seul nous avons dû notre salut.

Il pouvait être une heure et demie ou deux heures du matin, la nuit continuait à être très sombre et pluvieuse, la plus profonde obscurité régnait dans notre chambre que nous considérions déja comme notre tombeau, car l'eau commençait à y pénétrer de toutes parts, et nous ignorions totalement dans quel parage nous nous trouvions précisément, les uns soutenant que nous étions sur un banc, d'autres assurant que c'était la côte, mais néanmoins nous supposant tous dans les environs de Maldonado.

N'ayant pû voir encore, ni le capitaine, ni le second, je demandai à tous ceux qui se réfugiaient près de nous, s'ils savaient où ils étaient et ce qu'ils fesaient, mais personne ne les avait vus. — Un peu plus tard, j'apperçus enfin le second près de la porte de notre chambre, et je lui demandai aussitôt ce que l'on attendait pour nous faire embarquer, n'ayant pas douté un instant que l'on ne s'occupât à préparer la chaloupe et le canot pour nous sauver tous ensemble ; mais, à ma grande surprise, il me répondit que la chaloupe était déja à terre avec le contre-maître, le cuisinier et un autre matelot, qu'ils ne pouvaient tarder à revenir, et qu'aussitôt leur retour nous nous embarquerions. Nous passâmes encore ainsi quatre mortelles heures environ, attendant le jour pour prendre une détermination, et craignant à chaque instant que le navire ne pût résister jusqu'à ce moment, car l'eau continuait à nous gagner de toutes parts, et nous ne pouvions déja plus l'éviter qu'en nous plaçant sur nos malles, entassées les unes sur les autres.

Peu à peu cependant l'horizon s'éclaircit, et les premiers rayons du jour nous permirent de découvrir la chaloupe échouée sur le rivage, et la terre fort près de nous, mais des brisans effroyables nous en séparaient encore. Quant aux matelots qui s'étaient sauvés avec la chaloupe, loin de songer le moins du monde à nous, ils étaient à se chauffer bien tranquillement autour d'un grand feu, fait avec les débris du navire ; le second avait beau leur crier de revenir nous chercher et de ramener la chaloupe, ils ne le comprenaient pas, ou nous n'entendions pas leur réponse ;

après bien du temps cependant et des cris infructueux, ils parvinrent à nous faire comprendre que la chaloupe était brisée, et qu'il était impossible de la remettre à flots!....
Alors seulement on songea au canot qui était placé comme à l'ordinaire derrière le navire; mais l'amarre de tribord avait été rompue ou coupée, et se trouvant ainsi suspendu d'un seul côté et battu par les lames, il avait tout un bordage de crevé, ce qui le rendait tout-à-fait inutile; le second se contenta donc de couper l'amarre qui le retenait encore, et bientôt il fut jeté sur la plage à côté de la chaloupe. Ce fut ainsi que nos deux seules embarcations se trouvèrent subitement inutilisées, par un manque de précautions, et j'allais presque dire par la volonté du capitaine, et il ne nous resta plus aucun moyen de salut s'il ne nous venait du dehors! mais, où étions-nous? à quelle distance nous trouvions-nous de quelque habitation? pourrait-on venir assez à temps à notre secours? c'est ce que nous ignorions, car la côte était aride et nue, et aussi loin que la vue pouvait s'étendre nous ne distinguions pas un être animé sauf nos trois matelots.

Le capitaine, dans le même costume où je l'avais vu la veille au soir, (c'est-à-dire, avec un gilet de tricot et un pantalon colant, costume qui n'était point habituellement le sien) était debout sur l'arrière du navire, les regards fixés sur le rivage, tenant un cordage d'une main tandis qu'avec l'autre il mangeait des bananes, avec autant de tranquillité et de calme, en apparence du moins, que si nous eussions été dans le port, et il continua de même tout le temps qu'il fût encore à bord, profitant soigneusement surtout de l'intervalle d'une lame à l'autre pour dévorer ses bananes ; mais toujours sans nous adresser une seule fois la parole, sans même tourner la tête de notre côté ; on eut dit qu'il était absolument seul à bord, que tout ce qui s'y passait ne le regardait plus et que nous ayant rendus à notre destination il n'avait plus à s'occuper de rien.

La plage était couverte de caisses, malles, barils et paquets que la mer y jetait à chaque instant. Quelques hommes à cheval y arrivèrent cependant, puis successivement un plus grand nombre, sans que cela nous apportât le moindre espoir de délivrance, car nous vîmes bientôt que ces hommes s'occupaient bien plus à ramasser les oranges dont le rivage était couvert, et surtout à briser les caisses et à s'emparer de leur contenu, qu'à chercher à nous porter du secours.

Le temps s'écoulait cependant, et aucune apparence de délivrance ne nous aidait à supporter notre affreuse position ! A chaque instant le navire se couchant d'avantage et son poids le fesant enfoncer dans le sable mouvant, l'eau nous gagnait de plus en plus ; nous fûmes donc forcés d'entasser de nouveau des caisses et des malles et de nous réfugier à leur sommet, en nous accrochant aux planches qui précédemment formaient nos lits et qui, par la situation actuelle du navire, se trouvaient au dessus de nous.

Il y avait à peine un quart d'heure que nous étions ainsi suspendus, lorsque l'eau augmentant au point de soulever les caisses qui nous servaient d'appui, elles commencèrent à flotter et nous les sentîmes tout d'un coup remuer sous nos pieds; puis, une lame monstrueuse étant venue se briser contre le navire, elle donna une telle secousse à la masse d'eau qui nous entourait, que toutes les caisses soulevées et lancées à la fois contre la cloison de tribord de notre chambre, la brisèrent en morceau, et la mer s'y précipitant aussitôt avec furie, un gouffre effroyable s'entrouvit sous nos pieds et nous y engloutit tous les quatre à la fois, et pêle-mêle avec tous les meubles, coffres, malles, caisses et effets qui s'y trouvaient, et qui roulant et s'entrechoquant les uns les autres, menaçaient à chaque instant de nous écraser entre leurs débris.

Dans ce nouveau danger, la mort s'offrit à moi comme bien plus inévitable que dans le précédent, car non seulement il fallait nous retirer des flots qui nous engloutissaient tous déjà, mais surtout encore nous défendre de ces caisses qui, entrainées et repoussées tour-à-tour par les brisans, nous exposaient ainsi constamment à être coupés en morceaux. Essayant donc un dernier effort, et le désespoir décuplant mes forces, je me cramponnai d'une main aux planches du pont, tandisque de l'autre je saisis ma femme par les cheveux, et je parvins ainsi à la soutenir quelques instans au dessus de l'eau, elle et mes enfans, car nous nous étions attachés, comme je l'ai dit, tous les quatre ensemble, et en en soulevant un, je les soutenais tous; mais, battus de toutes parts par les flots, écrasés par les débris du navire, cette situation était trop désespérée pour pouvoir se prolonger, et nous allions disparaître entièrement dans l'abîme, lorsque le second s'appercevant de notre détresse, nous jetta heureusement une corde qui traversant la chambre dans toute sa longueur, nous permit à tous de la saisir fortement et nous pûmes alors reprendre quelques forces! puis, toujours avec son aide, ainsi qu'avec celle du matelot qui le premier s'était réfugié dans notre chambre, et qui y était seul avec nous au moment où elle fut défoncée, nous parvinmes petit-à-petit à faire passer ma femme et mes enfans de l'autre côté de la corde, sur la quelle ils purent alors s'appuyer au lieu d'y être suspendus, n'ayant plus ainsi qu'une partie du corps dans l'eau et où du moins ils n'eurent plus à redouter d'avoir les membres fracassés. Couvert de blessures comme je l'étais, ce ne fut qu'avec la plus grande peine que je parvins à mon tour à m'y placer.

Notre position quoique un peu améliorée était encore trop affreuse cependant, pour que nous pussions la supporter bien long-temps. Nos forces diminuaient à chaque instant, toute espérance de salut me paraissait détruite, et ne voyant pas trop la nécessité de prolonger d'avantage notre agonie, plusieurs fois je fus sur le point de repousser cette faible corde, seule barrière qui nous séparât de l'éternité!

Le matelot qui était resté près de nous, et un autre de ses camarades qui venait de le rejoindre, cherchaient il est vrai tous les deux à nous encourager, nous pressant même de nous confier à eux, en nous promettant de nous sauver tous à la nage; mais je ne pus jamais me décider à séparer notre sort, puis qu'ils ne pouvaient nous sauver que l'un après l'autre, et surtout, à faire dépendre ainsi la vie de ma famille, de la force et du courage, et peut-être *de la volonté* de deux hommes que je ne connaissais pas, et qui du reste, ne m'inspiraient aucune confiance, par cela seul qu'ils étaient aux ordres et aux gages du capitaine Delpino, dont la conduite était suffisante pour autoriser mes craintes. Qu'elles fussent donc fondées ou non, je n'en refusai pas moins obstinément ce moyen dangereux de délivrance, et la suite m'a prouvé que j'avais agi prudemment du moins, puis qu'enfin nous avons pû nous sauver par un moyen beaucoup moins chanceux.

Ces matelots, voyant à la fin que toutes leurs belles paroles et leurs promesses ne pouvaient me décider, et que nous étions bien déterminés à attendre notre sort à bord, l'un d'eux fut parler au capitaine, puis revenant bientôt rejoindre son camarade, ils nous quittèrent tous les deux en nous disant, qu'ils allaient à terre à la nage afin de hâter la réparation du canot et que dès qu'il serait prêt ils reviendraient nous chercher. Nous eûmes beau les supplier de ne pas nous abandonner au moment précisément où le péril devenait plus pressant, leur rappeler la promesse de ne pas nous quitter qu'ils nous avaient fait encore peu d'instants auparavant, rien ne put les retenir : et, soit par

crainte du danger, soit par ordre du capitaine, ils se jettèrent à la nage, gagnèrent le rivage, et nous ne les avons
plus revus qu'à terre.

Pendant tout le temps que dura cette épouvantable
scène, et pendant plus d'une heure encore que nous res·
tâmes ainsi suspendus à cette frêle corde, le capitaine, tou·
jours debout sur l'arrière du navire mangeant des bananes,
ne nous donna pas le moindre secours, ne fit pas même
attention à nous! On tend la main au dernier malheureux
qui se noie, on s'expose souvent soi-même pour secourir un
être que l'on n'a jamais vu, ... et toute une famille périssait sous ses yeux, ... à ses côtés, ... *par sa faute*, ...
par sa Volonté peut-être, ... sans qu'il daignât s'en occuper! sans qu'il songeât à autre chose qu'à manger...... !!
Je m'abstiens de toute réfléxion sur une telle conduite et
je laisse au lecteur le soin de la qualifier.

Le canot avait été jeté sur la plage, et quelques hom·
mes essayaient en ce moment de le réparer: c'était le seul
rayon d'espoir qui me restât encore: mais pourrait-on le
réparer, et surtout le réparer à temps? car l'eau nous ga·
gnait de plus en plus, les forces nous abandonnaient, ma
femme et mon fils cadet ne pouvaient plus se soutenir, et
je voyais enfin le moment arrivé où il ne nous restait d'autre
parti à prendre que celui de lâcher tous ensemble la corde
et de nous laisser couler à fond; ce qui me fesait déja
regretter de n'avoir pas, tenté du moins, le moyen que
nous avaient proposés les deux matelots, tout périlleux qu'il

était, car il nous offrait une chance de salut tandis que je
ne croyais pas qu'il nous en restât aucune. Mais en ce
même moment, ma femme se penchant en dehors de la
chambre par la porte de l'avant, pour voir si le canot
était bientôt prêt, fut surprise par une lame, qui se précipitant à l'improviste sur elle, allait la rejeter à la mer,
précisément au même endroit où déja une première fois elle
avait falli périr, lorsque le second s'appercevant avant moi
de ce nouveau danger, lui jeta bien vite un cordage qu'elle
saisit avec force, et la tirant alors à lui, il la plaça sur le
pont derrière notre chambre, sous le bastingage de bas-bord:
cette partie du navire se trouvant la plus élevée dans sa
position présente, était aussi la mieux conservée et la plus
abritée. Ma femme me cria aussitôt d'aller la rejoindre,
en m'assurant qu'elle courait là beaucoup moins de dangers
que dans la chambre. Saisissant avec empressement ce moyen qui prolongeait de quelques instans notre existence, je
profitai des intervales d'une lame à l'autre pour y faire
d'abord passer mes enfans, et je m'y rendis ensuite moi-
même avec l'assistance du second, qui dans cette circonstance comme dans toute autre, n'a cessé de nous aider par
tous les moyens en son pouvoir, tandis que le capitaine
conserva toujours la même impassibilité.

Nous nous assîmes tous sur le pont à côté les uns des
autres, les pieds appuyés contre la portion de la cloison
de notre chambre restée intacte, et abrités par derrière par
le bastingage de bas-bord qui, par son élévation, nous

9

préservait du premier choc des lames, ce qui était déja un grand avantage, car à chaque instant une masse énorme d'eau venant se briser contre les flancs du navire, elle nous submergeait il est vrai, en retombant sur nous par torrens, mais la lame ainsi brisée perdait beaucoup de sa force et elle ne pouvait plus du moins nous entraîner avec elle, l'eau s'écoulant aussitôt; et jusques à ce qu'il en revint une autre, nous étions tranquilles. Tous les autres passagers et le capitaine lui-même, occupaient déja les meilleures places tout-à-fait à l'arrière du navire, les lames y arrivant bien moins fréquemment et avec moins de force; mais enfin, nous fûmes fort heureux encore de trouver ce refuge tel qu'il était et nous y restâmes jusques au moment de notre délivrance. Ma plus grande crainte était toujours que les mâts ne vinssent à se briser, où, que le choc réitéré de ces torrens d'eau et leur poids énorme ne finissent par emporter le dernier côté de notre chambre, qui nous servait en ce moment d'appui, malheurs qui auraient immanquablement causés notre perte instantanée.

Pendant ce temps, il était arrivé beaucoup de monde sur le rivage, mais tous ces gens s'occupaient beaucoup plus de nos effets que de nos personnes, et comme les premiers objets jetés sur le rivage furent ceux qui étaient sur le pont ou dans notre chambre, ce furent aussi nos malles qui se trouvèrent les premières pillées, et de ma nouvelle position, je voyais distinctement briser mes caisses, forcer mes malles et chacun emporter ce qui lui convenait.

Sur les sept à huit heures du matin, nous vîmes enfin arriver deux hommes à la nage; j'ai su plus tard que l'un était un matelot Anglais demeurant à Maldonado, nommé GUILLERMO CROOK, et l'autre un jeune homme de Maldonado même, nommé JOAQUIM MIRANDA. Ces deux braves jeunes gens venaient chercher des cordages pour établir un *vat-et-vient* avec la terre, afin de faire passer le canot dans les brisans avec plus de facilité dès qu'il serait réparé. Ils nous apprirent que nous étions *à deux lieues à l'Est de Maldonado, à peu près derrière l'isle de Lobos,* et que dans la nuit même, un de nos matelots avait été à la ville prévenir les autorités du malheur qui venait d'arriver; nous ajoutant, qu'ils *croyaient* que l'on devait envoyer une balleinière pour nous sauver. Ils retournèrent promptement à terre en emportant les cordages nécessaires.

Peu d'instans après, nous vîmes avec transport que l'on mettait enfin le canot à la mer; mais ce ne fut qu'après les plus grands efforts, après avoir été renversé et rejeté plusieurs fois à la côte, après avoir même été forcé de recommencer à le réparer une seconde fois, que l'on parvint à lui faire franchir les brisans, et ce ne fut ensuite qu'avec de nouvelles peines et de nouveaux efforts que l'on put l'approcher suffisamment du navire pour pouvoir s'y embarquer, sans qu'il en fût trop près pour s'y briser.

Dès qu'il fut à portée, les hommes qui le montaient crièrent d'embarquer de suite la dame et les enfans, et ils ne voulaient d'abord recevoir personne d'autre; mais le

capitaine se trouvant debout près de l'endroit où il avait
acosté, sauta dedans le premier avant que l'on eût eu le
temps de s'y opposer : tous les autres passagers le suivirent
immédiatement, à l'exception du seul Francisco de Paula
qui, vieux, faible et blessé ne fût pas assez leste pour arriver à temps. Quant à moi, ne voulant pas me sauver seul,
et ma femme et mon fils cadet étant trop faibles pour qu'il
leur fût possible de s'embarquer sans être portés, j'avais à
peine eu le temps d'en soulever un, que déja, le capitaine
poussant au large le canot, refusait d'y admettre personne
de plus, et forçait les marins à s'éloigner. Ceux-ci, voyant
d'ailleurs qu'il n'y avait pas place pour tout le monde et
bien convaincus, à ce qu'ils m'ont dit plus tard, que le
capitaine ne voudrait plus en sortir qu'à terre, ils se déci-
dèrent enfin à partir, en nous promettant qu'ils allaient revenir de suite nous chercher. Il ne restait donc plus à
bord que *ma femme* et *moi*, *mes deux enfans*, mon domestique *Manuel Rivera* de Buenos-Ayres, le passager *Francisco
de Paula*, un *nègre esclave* que l'on croyait mort et qui
était étendu sous nos pieds sans connaissance, et enfin le
second du navire nommé *MANUEL DASSORI*, Italien,
lequel ne voulut jamais nous abandonner, quoi qu'il eût pu
comme les autres s'embarquer ou se sauver à la nage, son
devoir, à lui second, n'exigeant point qu'il demeurât à bord:
mais ce brave homme, sentant que le capitaine ne remplis-
sait pas le sien en se sauvant le premier, sans s'inquiéter
ni s'occuper de ses passagers, cherchait dumoins à réparer

ses torts autant qu'il était en son pouvoir; il nous disait pour l'excuser, qu'il avait tout-à-fait perdu la tête et qu'il était même surpris que, nageant comme un poisson, il n'eut pas été à terre dès le matin. Je lui répondis avec colère qu'un capitaine n'était pas à bord pour perdre la tête au premier danger, et je lui demandai de plus s'il pouvait m'expliquer comment et pourquoi il avait donné l'ordre extraordinaire que je lui avais entendu donner moi-même, de gouverner *au Nord?* ma question parut plus l'embarasser que le surprendre, et il n'y fit aucune réponse.

Le canot en ce moment arrivait heureusement à terre, et aussitôt on s'occupa de lui faire faire un second voyage; mais on eut encore beaucoup plus de peine que la première fois pour le remettre à flots, et je vis le moment où les marins qui le montaient allaient y renoncer, car quoique tous les matelots du bord fussent à terre depuis long-temps, s'y étant tous rendus à la nage, pas un seul d'entr'eux ne vint aider en rien, et sur deux cent personnes peut-être qui étaient sur le rivage, le plus grand nombre du moins, était trop occupé du pillage pour s'embarasser des malheureux qui restaient à bord et qu'ils pouvaient ainsi dépouiller plus impunèment.

Après les plus grands efforts, les cinq mêmes hommes qui déja venaient de sauver le capitaine, parvinrent enfin à remettre une seconde fois le canot à flots; j'ai su depuis que leurs noms étaient : GUILLERMO CROOK, Anglais, le même qui déja était venu à la nage; et de plus : VICENZO

BARANCO, MANUEL BOSSO et GIAN-BAUTISTO ODISO, tous les trois Italiens et matelots d'une embarcation de M^r. *Don Francisco de Aguilar* de Maldonado; et enfin CESAR RICHARD, Français, ouvrier charpentier, demeurant depuis quelque temps à Maldonado avec sa mère et son frère qui y avaient un petit commerce.

Il pouvait être neuf heures, lorsque nous vîmes le canot s'approcher pour la seconde fois. Nous nous plaçâmes de suite de manière à pouvoir nous embarquer le plus promptement possible, et déja le second portant ma femme dans ses bras, allait la déposer dans le canot, lorsqu'une lame imprévue lançant ce dernier contre le navire, il s'emplit d'eau, coula à fond et disparut en un instant, anéantissant ainsi jusqu'à notre dernier espoir!!!.... Les cinq matelots s'accrochèrent heureusement aux cordages et planches qui flottaient autour du navire et se réfugièrent auprès de nous. Ils cherchèrent tous à nous rassurer et nous engagèrent à prendre encore un peu patience, nous répétant, qu'ils avaient entendu dire que l'on devait nous envoyer une balleinière *par terre*, qu'ils allaient eux-mêmes courir à Maldonado pour hâter son arrivée, et qu'ils nous promettaient de la ramener le plus promptement possible. Les trois Italiens et l'Anglais se jettèrent donc aussitôt à l'eau et s'éloignèrent à la nage; quant à Richard, il hésita un instant, disant qu'il ne savait pas très bien nager: mais comme il avait froid, et faisant l'observation que la première fois qu'il était venu, on lui avait déja volé sa veste et son chapeau, il se décida à retourner à terre, en disant qu'il fallait qu'il fût voir si cette fois on ne lui aurait point encore volé sa chemise. J'eus beau l'engager à rester, il ne m'écouta pas et s'élança à l'eau: mais à peine eut-il nagé quelques secondes que nous vîmes ses forces l'abandonner; il fesait de vains efforts pour dépasser ses bretelles et se débarasser ainsi d'un pantalon en drap qui le gênait probablement; nous criâmes aussitôt à ses camarades qui nageaient devant lui, de venir à son secours: deux d'entr'eux y revinrent en effet, mais malgré leurs efforts, malgré les planches et les coffres que nous jetâmes de suite à la mer, il disparut en un instant dans les brisans! à chaque lame nous cherchions à le découvrir, deux ou trois fois encore nous l'apperçûmes se débattant contre les flots et les courans qui l'entraînaient, nous l'indiquions aux nageurs de la voix et du geste, puis le vent nous apporta un dernier gémissement!.... et il disparut à jamais!!!

Ainsi périt ce malheureux jeune homme, *à l'age de* 24 *ans*, victime de son zèle et de son humanité, laissant une mère pauvre et agée dont il était le soutien! Son corps ne fut retrouvé que quatre jours après à l'entrée du port de Maldonado, et son frère qui en fut averti, ne put jamais trouver quelqu'un d'assez charitable, pour l'aider seulement à placer ce cadavre sur une charette pour le transporter á la ville et l'y enterrer dans le cimetière; il fut donc forcé de l'ensevelir dans le sable, au lieu même où il avait été retrouvé......!

Cet affreux malheur, accompli sous nos yeux en quelques minutes, dans un moment où nous n'avions presque
plus d'espoir, où chaque seconde paraissait devoir être la
dernière de notre vie, nos forces diminuant à chaque instant
ce malheur dis-je, vint mettre le comble à notre décourage-
gement. Sentant cependant que dans une position aussi critique, il n'y avait que la force et l'énergie qui pussent
encore nous sauver, je m'efforçai de montrer à ma famille
un visage calme et serein, tandisque l'abattement et le désespoir étaient au fond de mon âme.

Nous entendions les cris joyeux et les rires bruyans de
la multitude qui était sur la plage, occupée, le plus grand
nombre du moins, à briser les caisses pour nous dépouiller;
à peine s'apperçurent ils qu'un homme se noyait: le plaisir
de se battre avec des oranges, celui de courir à cheval de
tous les côtés pour être des premiers à enlever les objets
que les flots même nous restituaient, de tels plaisirs l'empor-
taient sur toute autre considération, et ce ne fut qu'un peu
plus tard, lorsque quelques personnes respectables, telles que
Mr. Dn. Juan Souviel Juge député du Consulat, (Tribunal
de Commerce) Mr. le Consul Brésilien, Mr. le Chef de
police, Mr. l'Alcalde et autres personnes de distinction, furent
arrivées avec un détachement de soldats que l'autorité s'était
empressée d'envoyer, qu'il y eut un peu plus d'ordre. Les
heures s'écoulaient cependant, et aucun secours ne s'an-
nonçait, aucune embarcation ne paraissait! nous fatiguions
vainement de nos cris et de nos prières ceux qui, arrivés

à la plage avec de bonnes intentions ne pouvaient absolument rien pour nous sauver.

Cinq mortelles heures s'écoulèrent encore ainsi! l'espoir que l'on nous avait donnés d'une embarcation diminuait à chaque minute, et nous sentions d'ailleurs que si elle n'arrivait pas avant la nuit, ce serait vainement qu'elle viendrait le lendemain, nous n'existerions plus! encore quelques heures seulement et tout était fini pour nous! car déja mon fils cadet ne pouvait plus parler: froid et inanimé, il était couché dans les bras de sa mère qui cherchait vainement à le réchauffer, n'ayant plus elle même la force de soulever la tête; encore peu d'heures, je le répéte, et nous périssions tous, car nous étions bien décidés à ne pas survivre au premier d'entre nous qui succomberait.

Sur les midi, la mer se calma cependant un peu, et les lames ne nous arrivaient plus qu'à des intervalles plus éloignés; le ciel s'éclaircit aussi, et de temps en temps quelques rayons de soleil perçant les nuages venaient nous sécher et nous réchauffer pour quelques secondes, mais bientôt une nouvelle lame se précipitant sur nous, elle nous inondait et nous glaçait de rechef.

Enfin, á une heure environ, nous crûmes découvrir quelque chose au loin sur le rivage, puis, nous distinguâmes des cavaliers arrivant au galop, et enfin une charette attelée de huit bœufs se trainant péniblement le long de la grève! ......bientôt, les cavaliers en arrivant nous firent signe de prendre encore un peu patience, que l'embarcation venait

10

sur la charette!.... nous suivions des yeux sa marche pe-
sante, comme si nous eussions pû par nos regards accélérer
son arrivée : je calculais à chaque instant la distance qui
nous en séparait encore! puis, reportant les yeux sur tout
ce qui m'environnait, je n'osai plus espérer que ce secours
tant desiré arrivât à temps, et plus s'approchait le moment
probable de notre délivrance, plus mes angoisses s'accrois-
saient, frémissant à l'idée de n'avoir plus après tant de souf-
frances que des cadavres peut-être à embarquer!...... je
pressai, je poussai, je tirai les bœufs; il me semblait que
par mes cris et mes invocations, je dusse hâter leur lente
démarche! aussi, lors qu'après encore une heure et demie
d'incertitudes et d'angoisses, cette bienheureuse charette
arriva enfin, j'étais certainement aussi fatigué, aussi haletant,
que si je l'eusse trainée moi-même. Aussitôt qu'elle fut
arrivée, on s'occupa de la mettre à terre : mais à chaque
secousse, à chaque coup qu'elle recevait, un frisson mortel
me saisissait, et c'est moi qui le recevait ! redoutant
toujours, que quelque nouveau malheur ne vînt une autre
fois encore, détruire notre dernière espérance, car, ce
secours nous manquant, tout était fini! nous n'en devions
pas nous n'en pouvions plus même, espérer d'autres! j'étais
comme le malheureux que l'on va fusiller, et qui au moment où on lui bande les yeux, voit arriver un courrier..
..... qu'apporte t il····? est ce ma grace ou la confirmation
de ma sentence....? encore quelques secondes!! et la vie
...... ou la destruction!!! cet homme n'existe plus déja,

sa vie est comme suspendue! une parole, un geste, vont la lui ravir entièrement, ou le rendre au monde et à sa famille!!! telle était ma position, et telle elle à duré pendant *quatorze longues heures!!!*

Cette fois-ci cependant, un grand nombre de personnes s'étant empressées de donner la main, tant pour décharger que pour mettre à l'eau la chaloupe, elle y arriva heureusement, et nous nous disposâmes aussitôt de manière à pouvoir nous embarquer promptement dès qu'elle arriverait; mais le courage qui ne m'avait pas abandonné jusqu'alors, et qui nous avait tous soutenus tant qu'il n'y avait eu aucun espoir de salut, s'évanouissait en ce moment et à mesure que les probabilités de délivrance s'augmentaient! comment expliquer cette anomalie? je l'ignore.

Dès que la balleinière fut à l'eau, six hommes s'y embarquèrent, et ils se dirigèrent vers nous à l'aide du vat et vient établi précédemment. J'ai sû depuis, que c'était les trois mêmes Italiens qui déja étaient venus deux fois dans le canot, et de plus: Guillermo A. Elles, *patron de l'embarcation*, Abel S. Limons et Juan Limons, tous les trois Américains du Nord, et tous les six matelots de M^r. Francisco Aguilar propriétaire de la balleinière, lequel, à la première nouvelle de notre malheur, s'était empressé de s'occuper de notre délivrance par tous les moyens en son pouvoir. Arrivés près du navire, deux des matelots restèrent dans l'embarcation pour l'empêcher de se briser comme la dernière fois, tandis que les autres y portaient ma femme et mon fils cadet, au milieu des plus grands dangers et avec des peines infinies ; ils y transportèrent aussi le jeune nègre que l'on croyait mort, mais qui respirait encore et qui se rétablit promptement dès qu'il fut à terre ; je m'embarquai enfin moi même avec mon fils ainé, le vieux Francisco et mon domestique, et nous nous éloignâmes tous de la malheureuse Vigilante, le second nous suivant à la nage. Nous franchîmes heureusement les brisans et nous arrivâmes enfin à terre où notre premier mouvement, fut de nous prosterner pour rendre grâce à Dieu de notre délivrance, le remercier surtout d'avoir exaucé nos prières en nous sauvant tous les quatre, et pour appeler enfin ses bénédictions sur nos sauveurs et particulièrement sur la famille du malheureux qui venait de périr: c'était hélas tout ce que nous avions alors à leur offrir! ! !

Tout le monde s'empressa autour de nous, chacun nous offrit des vêtemens et du linge, et autant quelques individus s'étaient montrés ardens à nous dépouiller, autant d'autres en ce moment se montraient obligeans et charitables ; plusieurs personnes même ôtèrent jusqu'à leurs bas et leurs souliers pour nous en fournir ; et l'un de ces Messieurs eut la complaisance d'envoyer chercher à Maldonado des habillemens de sa femme pour vêtir la mienne.

On nous apporta aussi le sac de voyage, que nous avions préparé dans la nuit au moment où nous pensions pouvoir nous sauver dans la chaloupe, et dans lequel nous avions mis des hardes et le paquet contenant les bijoux de ma femme que j'avais sorti de mes poches, pour y placer les manuscrits des Marques. Ce sac était venu à la côte dès le matin, et l'on avait mis à sécher tout ce qu'il contenait, mais préalablement, on en avait enlevé comme de raison, tous les meilleurs effets; quant au paquet de bijoux, il fut retrouvé séparément par l'un de ces Messieurs, qui l'ayant vu entre les mains d'un paysan, l'en retira et vint nous le rendre; mais ce paquet aussi, avait été ouvert précédemment et probablement par quelqu'un s'y connaissant fort bien, car on avait eu soin d'en ôter quelques diamans de prix et tout ce qui était en or, et on avait laissé seulement tous les bijoux faux. Je retrouvai encore une malle que d'abord je crus intacte, la serrure n'ayant pas été forcée, mais lors que je voulus l'ouvrir, je m'aperçus que l'on avait arraché une des planches du fond et que l'on avait retiré par là tout ce qu'elle contenait, à l'exception d'une seule couverture. Je retrouvai de plus mon nécessaire de toilette, mais malheureusement j'en avais retiré dans la nuit, comme je l'ai dit, tous mes papiers et objets les plus précieux, croyant les mettre plus en sûreté dans la petite cassette de ma femme, et précisément cette cassette, que je tenais à la main lors que la première lame vint nous assaillir, me fut enlevée et n'a jamais reparu, tandis que c'est le nécessaire *vide* qui fut retrouvé, et encore tellement battu et imbibé d'eau salée, qu'il était tout-à-fait hors de service. Je sauvai de plus enfin la Caisse Nº. 3, contenant des provisions de chasse et des boites d'Insectes; mais le tout également , presque entièrement détruit par l'eau de mer. Tels sont, à peu de chose près, les seuls objets que nous ayons pû sauver, comme on le verra ci-après.

L'une des premières personnes qui s'approcha de nous, fût la malheureuse mère du jeune-homme qui venait de se noyer, Mad⁰. Rose Richard, *sage-femme*, native d'*Erky*, petit port de mer de France près St. Malo. Son fils César, avait à peine su qu'une famille Française se trouvait à bord du bâtiment naufragé, qu'il était accouru l'un des premiers, pour lui porter secours, et deux heures après, il expirait victime de son zèle et de son humanité ! Son frère ainé Julien Richard, ancien matelot, n'ayant pû partir de chez lui que quelques instans plus tard, arriva à la plage précisément au moment où son frère venait de disparaître dans les flots et ce fut la première chose qu'il apprit en arrivant ! redoutant l'effet terrible qu'allait produire sur sa mère cette affreuse nouvelle, il retourna aussitôt à Maldonado pour l'en instruire lui-même avec précaution : mais déja elle avait été prévenue, et cette pauvre mére venait de faire trois lieues à pied dans les sables, pour accourir et s'assurer sur les lieux mêmes où l'Océan venait d'engloutir son fils, s'il n'y avait réellement plus aucun moyen de le sauver. Ayant bientôt acquis la triste conviction que son malheur était certain et sans nul remède, cette brave femme, négligeant sa propre douleur pour s'occuper seulement de nous et tâcher de nous être utile, vint nous offrir ses soins, sa maison et tout ce qu'elle possédait. Elle s'approcha de nous avec son gendre Auguste Dies, charpentier de navire; dès que nous entendîmes des voix françaises, nous nous crûmes déja moins malheureux; et d'ailleurs, la perte affreuse que venait d'éprouver cette pauvre mère nous fit envisager notre position avec résignation, et nous fit rendre à Dieu de nouvelles actions de graces, pour avoir permis, que nous n'ayons du moins à pleurer la mort d'aucun de nous. Je ne regrettais plus tout ce que je venais de perdre en pressant sur mon cœur ma femme et mes enfans: j'étais si heureux de les sentir tous vivans et rendus à terre sans accidens, que j'aurais crû comettre une profanation en exprimant le moindre regret sur les pertes que j'éprouvais ; et si, par momens encore, l'aspect de tout ce qui nous entourait venait me rappeler que, dans un seul instant nous venions de perdre le fruit de cinq années de travail, que par ce malheur nous nous trouvions réduits à la dernière extrémité, puisque les moyens même de recommencer notre petite fortune venaient de nous être enlevés, je repoussais à l'instant ces idées comme de mauvaises pensées, j'embrassais de nouveau ma famille, et contemplant la malheureuse mère Richard qui pleurait son fils, combien je me trouvais heureux auprès d'elle! ! ! Sa perte était irréparable, tandis qu'avec du courage et de l'activité, je puis, non réparer entièrement il est vrai, mais du moins atténuer les malhenrs de cette triste et fatale nuit! ! !

Mr. Ferdinand Séron, pharmacien Français établi à Maldonado, ainsi que plusieurs autres personnes du pays, nous

engageaient à aller demeurer chez elles; mais la pauvre
bonne mère Richard qui nous en pressait aussi depuis le
premier moment, nous ayant dit en pleurant: " vous seriez
" certainement beaucoup mieux chez tous ces gens là que
" chez nous, car nous sommes bien pauvres, mais c'est égal
" venez à la maison je vous en prie, ce sera une conso-
" lation pour moi de soigner ceux que mon pauvre César
" voulait sauver et pour lesquels il vient de mourir! "
Pouvions-nous refuser une aussi douloureuse invitation? et
certes, nous n'avons pas eu à nous repentir de l'avoir accep-
tée, car à peine fûmes nous rendus chez elle, que la mère
comme le fils nous donnèrent leurs propres lits, leur linge,
leurs souliers, leurs vêtemens, tout fut à notre disposition,
jusqu'à leur modeste bourse!! ils ne pouvaient faire davan-
tage, car ils nous ont donné tout ce qu'ils avaient!! à
chaque instant, et pendant les quinze jours que nous y
sommes restés, ils ne cessaient de nous répéter: " vous
" êtes ici chez vous, faites comme chez vous, disposez de
" tout ce qui est ici; " ils ne savaient qu'inventer pour
nous soulager, pour nous faire plaisir même: et nous eussions été le fils et le frère qu'ils venaient de perdre, qu'ils
n'auraient pû faire davantage.... et cependant ils ne nous
connaissaient nullement: ils ne savaient ni qui nous étions,
ni où nous allions, ni d'où nous venions: mais, Français et
malheureux, c'étaient deux titres suffisans pour qu'ils nous
prodiguassent des secours de toute espèce et jusqu'à leurs
économies....!! Quelle leçon et surtout quel exemple pour

tant de gens qui pleurent et s'apitoyent à la simple lecture d'un roman, et qui croient avoir rempli tous les devoirs de la charité chrétienne en fesant une légère aumone! ceux-ci ne lisent pas, ne s'affligent pas sur des maux imaginaires, mais, ce qui vaut mieux, dès que l'occasion s'en présente, ils agissent, ils secourent efficacement et par tous les moyens en leur pouvoir une famille inconnue, qui n'a d'autres titres à leurs yeux que d'être dans le malheur: et cela encore sans prétention, sans ostentation, sans le faire valoir! comme une chose toute naturelle, toute simple! ce sont eux-mêmes qui paraissent *les obligés*!? Voila des actions qui font honneur à l'humanité! on est fier d'appartenir à une nation qui produit de tels gens! et si, après avoir eu le bonheur de sauver ma famille, j'ose encore former une plainte sur la perte que je viens d'éprouver, c'est parceque je me trouve dans l'impossibilité de reconnaître dignement une telle conduite, si rare dans le siècle où nous vivons, et dont nous avons eu pourtant le bonheur de trouver un second exemple à notre arrivée à Montévideo, et qui a trouvé aussi de l'écho à Buenos-Ayres comme on le verra plus tard.

Combien de récompenses sont accordées tous les jours pour des actes qui sont loin de valoir celui-ci! Quant à moi, tout ce que je puis faire actuellement hélas! c'est de faire connaitre la généreuse conduite de Madame *ROSE RICHARD* et de son fils *JULIEN*, et leur en témoigner hautement et publiquement ici notre éternelle reconnaissance:

que celui qui a permis que ma femme et mes enfans me fussent conservés daigne les en récompenser un jour!

J'ai terminé l'esquisse de cette malheureuse catastrophe dont les conséquences funestes sont telles, que probablement elles influeront sur le reste de ma vie. Je dois encore en retracer les suites non moins extraordinaires, et dire, les précautions prises, les soins donnés par le Capitaine Delpino, pour le sauvetage de son chargement et la conservation des intérêts de ses commettans! détails, qui prouveront évidemment je le pense, à ceux qui jusqu'ici n'auraient vû dans sa conduite qu'une coupable négligence, ou un défaut de précautions, qu'il y à eu *volonté*, et que (à mon avis du moins) *l'intention* de perdre le navire et sa cargaison était préméditée et bien manifeste. C'est de quoi je vais donc m'occuper.

TROISIEME PARTIE.

——————— ✳ ———————

SUITES DU NAUFRAGE.

La charette qui venait d'apporter la balleinière retournant à Maldonado, nous en profitâmes, avec la permission du propriétaire, pour nous y rendre nous mêmes et emporter en même temps le peu d'effets que nous venions de sauver ; je laissai seulement mon domestique pour prendre soin des objets que la mer pourrait encore jeter sur le rivage : mais, soit qu'il n'y ait plus songé, soit que d'autres plus diligens l'aient prévenu dans ce soin, soit enfin qu'effectivement il ne soit rien venu de plus, quoi qu'il en soit, il ne nous a pas dès lors sauvé la moindre des choses.

Nous arrivâmes vers le soir à Maldonado, et aussitôt, les soins les plus tendres et les plus affectueux nous furent prodigués, et nous y fûmes accueillis, non comme de malheureux étrangers, mais bien en amis et comme de vieilles connaissances. — Notre santé à tous, était aussi bonne qu'elle pût l'être après une semblable journée, n'éprouvant moi même d'autres douleurs que celles provenant des blessures et contusions dont j'étais couvert. — Quant à ma femme, la révolution qu'elle venait d'éprouver était telle; que sa santé paraissait s'être subitement et complettement rétablie, et qu'elle a passé plus de quinze jours ensuite, sans ressentir aucune atteinte des maux nerveux qui l'accablaient avant cette catastrophe ; mais malheureusement, cette amélioration accidentelle n'a été aussi que momentanée.

Le fils Richard ayant une petite charette et des chevaux, dès le lendemain matin 26, il me conduisit au lieu du naufrage pour y charger tous les effets que j'avais encore dans la cale du bâtiment, ne doutant point qu'on ne les mit à terre dans la journée. A notre arrivée, nous retrouvâmes le navire dans le même état que la veille : la mer seulement était plus calme et le temps superbe ; un grand nombre de gens du pays s'y trouvaient encore réunis, et tous m'assurèrent, qu'il était fort rare de trouver la mer aussi tranquille, et surtout la marée aussi basse : et comme d'un instant à l'autre le temps pouvait changer, le vent augmenter et emporter au large les débris du navire et le reste de la cargaison, il n'y avait donc pas un moment à perdre pour se rendre à bord et s'occuper du sauvetage. Bien convaincu que ce travail aurait lieu dans la journée, j'étais surpris seulement que le capitaine ne fût pas déja rendu sur-les lieux : mais le supposant occupé à se procurer des hommes et des embarcations pour le déchargement, je comptais le voir arriver d'un instant à l'autre et je pris patience quelques heures encore en l'attendant.

'Le capitaine s'était consigné de suite à Mr. Aguilar

père, l'un des principaux négocians de Maldonado, lequel avait eu la complaisance d'envoyer dès la veille, une grande voile de navire, dont on fit promptement une tente, sous laquelle s'étaient réfugiés le second et les matelots qui y dormaient paisiblement; mais je la croyais destinée aussi à recevoir les marchandises que l'on retirerait de la calle, pour ensuite les restituer à leurs propriétaires respectifs contre le remboursement proportionnel des frais de sauvetage, ainsi que je savais que cela se pratiquait constamment en pareil cas. Enfin, l'Autorité ayant eu la précaution de faire placer une ligne de factionnaires qui veillaient à ce qu'il y eut le moins de pillage possible, tout se trouvait ainsi disposé pour le sauvetage, et il ne manquait plus.... que de l'effectuer! — Plusieurs fois je demandai au second si l'on n'allait pas bientôt se rendre à bord, desirant être présent lors de l'ouverture de la calle, afin de surveiller et diriger moi-même le débarquement de mes effets, qui placés du côté de bas-bord, à ce qu'il venait de me dire, devaient ainsi se trouver tout à fait hors de l'eau et probablement fort peu avariés, puisque le navire étant couché sur le côté droit, celui de bas-bord demeurait bien au dessus du niveau de la mer; mais il me répondait toujours que l'on allait y aller.... que l'on attendait le capitaine ou son consignataire Mr. Aguilar père.... qu'il ne pouvait rien faire sans ordre. .... Nous perdîmes ainsi plusieurs heures à attendre, et ce ne fut que sur les onze heures, qu'arriva enfin Mr. Aguilar fils. Je fus de suite à lui pour le prier de donner des ordres

en conséquence, lui fesant observer combien la mer était
belle ce jour là, et qu'il serait peut-être difficile de trouver
un meilleur temps pour se rendre à bord. Mr. Aguilar
convenant de la justesse de mes observations, fut voir de
suite le canot que la mer avait rejeté à la plage dès la
veille de bonne heure, et il donna l'ordre au Sr. Auguste
Dies, charpentier de navire, de s'occuper à l'instant de le
réparer. Dies, d'après les ordres de Mr. Aguilar lui-même,
s'était rendu dès la veille au matin sur le lieu du naufrage
pour couper les mâts de la Polacre, ce qui aurait puissam-
ment contribué à la relever : mais comme il n'en avait plus
été question dès-lors, il attendait de nouveaux ordres, et
dès qu'il les eut reçus il se mit à l'ouvrage, promettant de
terminer cette réparation dans quatre heures de temps, et
assurant, que si la veille au soir déja ou le matin même
encore, on lui eût donné cet ordre, que le canot serait actuellement à l'eau. — Cette assurance me tranquillisa beaucoup,
car, supposant le capitaine toujours occupé à chercher des
embarcations, je vis avec plaisir, que lors même qu'il ne
réussirait pas à s'en procurer, il suffirait, provisoirement du
moins, du canot et de la balleinière qui nous avait sauvés
la veille, pour effectuer une bonne partie du déchargement
et sauver encore ainsi la plus grande partie de la cargaison.
— Un instant après Mr. Aguilar donna enfin l'ordre de pousser à l'eau la balleinière, et déja elle touchait le rivage,
un grand nombre de gens de bonne volonté allait s'y embarquer, lors que le second fit l'observation qu'il était tout-à-

fait inutile de se rendre à bord, si l'on n'y portait des outils pour ouvrir la calle ou du moins pour saborder le pont : mais on n'avait pas encore eu la précaution d'envoyer de la ville seulement une hache, et comme on n'avait sous la main aucun instrument capable de la remplacer, Mr. Aguilar allait faire retirer la baleinière, lorsque désolé de ce nouveau contretemps, j'offris d'en fournir une moi-même : je courus en conséquence auprès du charpentier qui raccomodait le canot et le suppliai de me prêter la sienne pour quelques heures : il y consentit avec plaisir et j'appor-tais déja mon arme en triomphe, lors que je vis haler tout-à-fait à terre l'embarcation ! j'eus beau crier, supplier, ré.é-ter que d'un instant à l'autre le reste du navire pouvait être emporté, que ce retard me fesait éprouver un préjudice irréparable, non seulement à moi, mais encore aux proprié-taires de la cargaison quels qu'ils fussent ! tout fut inutile, et l'on me répondit seulement : qu'il n'y avait point d'ordre du capitaine, qui effectivement n'avait pas encore paru....! — Mr. Aguilar au quel je m'adressai plus particulièrement, finit par me dire qu'il ne voulait pas exposer sa baleinière, qu'il allait la faire reconduire à la ville et que l'on n'irait à bord que lors que le canot serait réparé.

Je compris dès lors qu'il serait inutile d'insister davan-tage, commençant même à soupçonner que le tout avait été prémédité et calculé d'avance, et que cette proposition d'envoyer à bord la baleinière n'avait été faite que pour la forme, puis que sous un prétexte spécieux, on la refusait actuellement que j'étais parvenu à me procurer un outil indispensable que l'on avait eu grand soin de ne pas envoyer et que l'on ne pouvait présumer que je trouverais dans ce lieu ; et puisqu'enfin ce n'était que 26 heures après que le canot avait été rejeté à terre que l'on donnait l'ordre de le réparer! tandis que dès la veille le charpentier était à se promener sur la plage lors que le moindre délai pouvait être si préjudiciable! que penser de tout cela......? mais comme en définitif Mr. Aguilar était le maitre de disposer de son embarcation, force me fut donc de prendre patience et d'attendre que la nôtre fût prête.

Comme il était déja midi, et le charpentier m'ayant répété que le canot ne pouvait être prêt que sur les trois ou quatre heures, il n'y avait donc plus de probabilité de pouvoir se rendre à bord ce jour là ; étant d'ailleurs très souffrant de mes blessures et ayant beaucoup à faire à Maldonado ou j'avais l'intention de poursuivre le capitaine devant les tribunaux , je repartis, laissant seulement mon domestique pour recueillir nos effets, dans le cas où la mer enverrait quelque chose de nouveau, ce qui toutefois était peu probable, puisque tout ce qui s'était trouvé sur le pont était venu de suite à terre et avait déja été sauvé ou volé! mais enfin, je ne voulais pas avoir à me reprocher le plus léger manque de précautions. — La plus grande et surtout la meilleure partie de mes effets, et particulièrement toutes mes Collections et Marchandises se trouvant dans la calle, le tout devait y être encore; plus ou moins avarié il est vrai, mais du moins intact et à l'abri du pillage : et j'étais tellement convaincu de les sauver le lendemain, qu'aussitôt mon retour à Maldonado je louai deux grandes pièces pour y étendre et sécher *tout ce que je comptais rapporter !* et ne doutant point d'être appelé et présent au moment où se ferait la première ouverture de la cale, je laissai mon domestique uniquement pour surveiller les effets que l'on pourrait retrouver sur la grève, ma confiance en lui n'allant pas plus loin pour le moment.

Pendant le temps que je passai ce jour là sur la plage à attendre l'arrivée du capitaine ou de son consignataire, je remarquai avec plaisir, que des factionnaires placés de distance en distance, veillaient à ce que les effets jetés par la mer dans différentes directions fussent ramenés à un même point à côté de la tente des matelots. J'ai su depuis, il est vrai, que les soldats eux-mêmes avaient soustrait quelques objets, mais ils ne pouvaient du moins s'emparer des caisses, ballots ou effets volumineux, n'ayant pas la possibilité d'abandonner leur poste pour les entraîner au loin, et il était alors facile de leur reprendre ce qu'ils avaient pû dérober : tandis que plus tard, lorsque le capitaine eut fait retirer ces troupes, de toutes parts arrivaient des *gauchos* à cheval, (paysans) et particulièrement de ceux connus dans le pays sous le nom de *Canaris* (Colons venus des Isles Canaries), lesquels laçaient en passant tout ce qui était à leur convenance et disparaissaient ensuite au galop dans les sables, entraînant après eux ce qu'ils avaient ainsi volé, sans qu'il

12.

fût possible de les suivre; car, si l'on voulait s'amuser à
donner la chasse à l'un d'eux, dix autres se précipitaient
aussitôt de différens côtés et enlevaient en un instant tout
ce qui restait sur la plage.

Il y a bien eu là constamment, il est vrai, deux employés de la douane, mais deux hommes seuls ne pouvaient
garder une aussi grande étendue de côte : et d'ailleurs ils ne
s'occupaient uniquement que de ce qui arrivait au lieu précis
du débarquement en face du bâtiment naufragé, m'ayant
répété plusieurs fois eux-mêmes qu'ils ne pouvaient voir ce
qui se passait de droite et de gauche, et que leur devoir
n'était pas de courir après tous les ballots que la mer re-
jetait sur une étendue de plus de deux lieues! de cette
manière donc leur présence était à peu près inutile.

Ce même jour, parlant à plusieurs personnes que je
rencontrai sur la plage, de l'ordre extraordinaire que j'avais
entendu donner par le capitaine, (de gouverner au Nord)
tout le monde reconnaissait comme moi, qu'il était inex-
plicable qu'après avoir eu connaissance de la terre à midi
et s'être reconnu au cap S^te. Marie, on pût à minuit donner un ordre semblable! Tous les passagers, et particulièrement Baldowin et Lopez me témoignèrent la plus vive
indignation contre le capitaine, quoique toutefois ils ne
lui eussent pas entendu donner l'ordre fatal, étant couchés
en ce moment; mais sa conduite ultérieure était telle, qu'elle
suffisait alors pour les convaincre de sa culpabilité. L'un
d'eux cependant, venait de m'assurer que Delpino niait avoir

donné cet ordre funeste, lorsque précisément en ce moment s'approcha de nous Mr. Ferdinand Séron, phamacien établi à Maldonado, en nous disant: qu'il paraissait que c'était avec connaissance de cause que notre capitaine s'était mis à la côte, car ajouta-t-il, l'un de vos matelots, et précisément celui qui était à la barre au moment du naufrage, étant venu hier au soir se faire panser d'une contusion qu'il a reçue, il nous a conté, à moi et à plusieurs personnes qui se trouvaient présentes, qu'à minuit le capitaine lui avait donné l'ordre de gouverner au Nord, et que lui Francisco sachant bien que c'était la terre, avait hésité un instant à le faire, croyant avoir mal entendu, mais qu'enfin le capitaine le lui ayant répété une seconde fois avec emportement, il avait été forcé d'obéir, et que peu d'instans après le bâtiment avait naufragé. Mr. Séron croyant m'apprendre une grande nouvelle, fut bien surpris lorsque je lui répondis que cette déclaration était très exacte et absolument conforme à ce que ma femme, mon fils, mon domestique et moi avions entendu, et qu'ainsi nous étions trop de témoins du fait, pour que le capitaine, qui paraissait vouloir le nier, pût y réussir. Au même instant nous vîmes arriver Francisco lui-même, auquel je n'avais pas parlé depuis notre débarquement: il vint à nous et nous ayant répété encore une fois la même déclaration, il demanda conseil à Mr. Séron sur ce qu'il avait à faire dans cette circonstance, lui disant, qu'il était le plus malheureux des hommes, qu'il avait perdu tout ce qu'il possédait, &c. Mr. Séron lui conseilla d'aller faire comme moi sa déposition chez Mr. le Juge député du Consulat, et il lui apprit alors que j'avais aussi l'intention de poursuivre le capitaine. Francisco me pria aussitôt de vouloir bien comprendre sa réclamation avec la mienne, en m'avertissant qu'il logeait chez Mr. le Consul Brésilien, où je n'aurais qu'à le faire demander lors qu'il faudrait qu'il vint faire sa déclaration.

Tels avaient été les observations et renseignemens que j'avais recueillis pendant cette première journée. Je revins ensuite à Maldonado comme je l'ai dit, et je fus à l'instant voir Mr. le Juge député du Consulat; mais comme il était déja tard, il me dit de repasser le lendemain matin à dix heures au tribunal et qu'il y recevrait ma plainte.

Le lendemain matin 27, ne pouvant me rendre moi-même à la plage, j'y envoyai Richard avec sa charette, espérant qu'enfin on aurait été à bord et qu'on aurait déja commencé le déchargement, le temps continuant à être superbe et la mer fort calme. A dix heures je me rendis au tribunal, et je racontai succintement à Mr. le Juge ce qui s'était passé. Il me parut aussi indigné que moi de la conduite du capitaine, non seulement au sujet du naufrage, mais surtout encore pour le sauvetage des effets: il me dit de faire un rapport circonstancié du tout sur papier libre, et de le lui porter le lendemain.

En rentrant à la maison pour m'y occuper de ce travail, je trouvai Richard déja de retour et ne rapportant absolument rien, car l'on n'avait pas encore été à bord et le second lui avait même dit que l'on n'irait pas de quelques jours, le capitaine voulant vendre le navire et son charge-ment dans l'état où le tout se trouvait, et que conséquem-ment personne ne pourrait aller à bord avant que le *remate* (vente à l'enchére) n'eût eu lieu.

Le capitaine en agissant ainsi, conformément peut être à ses intérêts particuliers, me causait à moi un préjudice énorme, et de plus, il compromettait gravement les intérêts de ses comettans en s'exposant de cette manière à perdre le chargement en entier: car, d'un instant à l'autre le temps pouvait changer et tout sauvetage devenir impraticable, tandis que pendant ces deux jours de beau temps, il aurait été très facile de décharger la plus grande partie de la car-gaison, et une fois le tout à terre, on aurait eu alors tout le loisir nécessaire pour faire le *remate*, sans aucun préju-dice ponr les intérêts des tiers.

Cette conduite du capitaine fournissant de nouveaux griefs contre lui, je ne pus croire qu'il persistât sérieuse-ment à s'opposer à ce que l'on fût à bord; aussi donc, ayant appris qu'il venait d'aller se promener à cheval avec des dames, du côté de la plage de St. Raf.ël, j'y envoyai aussitôt mon fils ainé, en lui recommandant de parler au capitaine lui-même et de s'assurer de ses intentions. Il re-vint le soir, ayant fait ma comission au capitaine qui lui avait simplement répondu que, le *remate* ayant été annoncé et devant avoir lieu le lendemain, *on ne pourrait se rendre à bord que le surlendemain*, qu'il comptait y aller lui même alors pour sauver les coffres de ses matelots, et que je pourrais si cela me convenait, y envoyer en même temps quelqu'un pour retirer nos effets. — Mon fils m'ajouta que le capitaine ayant appris que j'allais le poursuivre était furieux contre moi, et que le passager Joachim Pintos, avec lequel il était revenu de la plage, l'avait même chargé de me recommander de bien prendre mes précautions, ayant entendu le capitaine dire : que *s'il pouvait me rencontrer seul je ne retournerais jamais à Montévideo.* Sans faire grand cas de ces propos, mais redoutant cependant quelque trahison indirecte, je me promis de ne plus sortir que bien armé, et j'ai eu lieu plus tard de m'applaudir de cette précaution. — Mon fils me dit encore, qu'au moment de son départ il avait entendu le capitaine donner l'ordre de renvoyer toute la troupe, prétendant qu'elle n'était plus nécessaire et que ses matelots suffisaient pour la garde des marchandises. Cette nouvelle m'affligea d'autant plus, que les matelots restant ainsi les seuls gardiens de tout, et le temps paraissant se déranger, je craignais avec raison, que le navire ne vint à s'ouvrir et que les effets jetés et dispersés sur la côte ne fussent bientôt pillés : car puis que déja l'on n'avait pu empêcher les *gauchos* de nous voler, lors qu'il y avait des factionnaires de tous les côtés, que serait-ce lors qu'il n'y aurait plus que quelques matelots? cet ordre me parut donc tellement extraordinaire, que j'hésitai à croire que le capitaine eût pû le donner, et que je résolus d'aller moi-même m'en assurer dès le lendemain.

Le 28, au matin, ne pouvant me rendre à la plage aussi-tôt que je l'aurais desiré, par suite de mon rendez-vous avec M^r. le Juge de Commerce, je me disposais à y envoyer provisoirement Julien Richard et mon fils ainé, lors qu'au moment même où ils partaient, nous vîmes arriver au grand galop l'Anglais Guillermo Crook, qui venait en toute hâte me prévenir que l'on avait été à bord, que l'on avait tout brisé, et qu'une partie de mon linge et de mes effets était sur le rivage: que si donc je voulais sauver encore quelque chose, je n'avais pas un instant à perdre !

Sachant que cet homme n'avait pas quitté la plage, je lui demandai aussitôt quelques détails sur ce nouveau malheur; il m'apprit alors que dès le matin à la pointe du jour et avant même que le soleil ne fût levé, il avait vu le capitaine s'embarquer dans le canot avec quelques uns de ses matelots: que les ayant suivis, ils s'étaient rendus à bord et qu'aussitôt leur arrivée, les uns s'étaient occupés de la recherche de leurs effets, mais que le plus grand nombre et lui-même étaient entrés de suite dans la cale, et qu'ayant brisé à coups de hache les caisses, coffres et malles que l'on y avait trouvées, chacun s'était emparé de ce qui lui convenait ; on avait fait ainsi trois voyages successifs, et à chaque voyage le capitaine avait emporté autant d'effets que le canot pouvait en contenir déclarant que le tout était à lui ou à ses matelots. Guillermo m'ajouta, que mon domestique s'étant rendu à bord au second voyage, il avait reconnu pour m'appartenir, une très grande malle en cuir

contenant tout notre linge neuf, mais qu'elle venait également d'être forcée et coupée en morçeaux! qu'il avait bien
recueilli le peu d'effets qu'il en avait retrouvé flottans et dispersés, mais que le tout était avarié et totalement perdu par
l'eau de mer.

Tel fut le rapport que me fit Guillermo, et tel il m'a
été confirmé plus tard par Auguste Dies qui était lui même
sur le rivage au moment où le capitaine se rendit à bord
pour la première fois. J'acquis donc ainsi la triste certitude
que notre perte était complette et qu'il ne nous restait plus
aucun espoir de rien sauver! tandis que si le capitaine l'eût
voulu, s'il m'eût prévenu la veille au soir seulement, lors
que mon fils avait été lui demander le jour où l'on se ren-
drait à bord, nous eussios pû sauver encore tout ce qui
était dans la cale! car Guillermo me déclara et m'a répété
plusieurs fois dès lors, qu'étant entré lui-même l'un des premiers dans la cale, il avait remarqué particulièrement la
malle que je lui désignai, ainsi que plusieurs autres caisses
m'appartenant, et que le tout était parfaitement sec et entièrement hors de l'atteinte de l'eau. Si donc j'eusse été
prévenu, comme il était du devoir du capitaine de le faire,
ou seulement, s'il ne m'avait pas trompé en me fesant dire
que l'on n'irait à bord que le surlendemain, j'aurais pû
surveiller moi-même le débarquement de mes effets, et il n'y
aurait rien eu de perdu, tandis que maintenant....!

Je fus bien vite aviser Mr. le Juge du Commerce de
ce nouvel incident, ce qui ne fit qu'accroître son indignation :

puis ayant loué un cheval, je me rendis moi-même à la plage avec le passager Lopez qui ayant eu connaissance de ce qui venait de se passer, se rendait aussi sur les lieux pour essayer de sauver quelque chose, ses effets étant livrés au pillage comme les miens. Nous fîmes route avec un voiturier de Maldonado nommé N. * * * qui nous dit faire ce voyage pour la troisième fois ce jour là, quoiqu'il ne fût qu'à peine dix heures du matin, et qu'à chaque voyage son cheval était chargé d'effets qu'il portait à la ville pour compte du capitaine Delpino, qui en avait sauvé, nous dit-il, une quantité considérable. — Cette déclaration nous parut d'autant plus inconcevable à tous les deux, que nous savions que ses malles et ses armoires étaient dans sa chambre, et comme c'était la première partie du bâtiment que nous avions vû se remplir d'eau, nous ne pouvions concevoir alors et je ne le puis encore aujourd'hui, comment il avait été possible d'en sortir la moindre des choses! et cependant il avait déja à terre une quantité prodigieuse d'effets! d'où les avait-il tirés....? je l'ignore encore.

A peu de distance de la ville, nous rencontrâmes le capitaine lui-même qui revenait à cheval, portant devant lui une cassette qui nous parut fort lourde; il nous salua, mais nous passâmes outre sans lui rendre son salut: le voiturier seul fut lui parler et revint bientôt après nous joindre.

Pendant le trajet, Lopez qui ne cessait de se plaindre de son malheur et d'en accuser Delpino, m'apprit une circonstance que j'ignorais encore; c'est que dans la nuit du

13.

naufrage, lors que le capitaine était descendu dans sa chambre en me disant d'être tranquille et d'aller me coucher
qu'il allait en faire autant, que dans ce moment même,
loin de songer à se reposer, et moins encore à se coucher
comme il venait de me conseiller de le faire, il s'était aussitôt occupé d'enlever en toute hâte de son secrétaire des
bijoux, de l'argent et des papiers, et qu'il avait fait un
paquet du tout; que lui Lopez étant présent, il lui avait vu
faire tous ces préparatifs, mais que le navire ayant touché
presque au même instant, il s'était sauvé sur le pont et il
ignorait ce que le capitaine avait pu faire dès lors de tous
ces objets.

J'appris encore de Lopez, que dès que le capitaine
Delpino était arrivé à terre, il avait pris un cheval et s'était
rendu de suite chez Mr. Aguilar père, au quel il s'était
consigné: que celui-ci lui ayant aussi-tôt demandé des nouvelles de la famille qui était à son bord, en disant qu'il
allait envoyer une embarcation par mer et une autre par
terre pour tâcher de la sauver, Delpino lui avait répondu
que cela était tout-à-fait inutile, que nous devions tous être
morts....!! Que néanmoins, et fort heureusement pour
nous, Mr. Aguilar, mû par un sentiment d'humanité, avait
à tout hasard envoyé une baleinière par terre, la mer étant
trop grosse ce jour là pour faire ce trajet par eau:
qu'ainsi donc c'était en partie à lui que nous devions l'existence. Lopez ne connaissant personne à Maldonado, s'était
réfugié chez Mr. Aguilar qui lui avait donné l'hospitalité et

jusqu'à sa propre table, et c'était de lui même qu'il tenait tous ces détails! il n'y avait donc pas à en douter. — Je connaissais déja la généreuse conduite de Mr. Aguilar dans cette circonstance, mais j'ignorais cette nouvelle infamie du capitaine, qui après nous avoir lâchement abandonnés, avait encore cherché à paraliser les secours que l'on voulait nous porter, calculant probablement, que le plus sûr moyen de nous empêcher de parler, c'était de nous laisser périr.

Le voiturier qui nous accompagnait ne put retenir son indignation à ce récit, et il la témoignait dans les termes les plus énergiques, lorsque au $\frac{3}{4}$ de la route environ, nous rencontrâmes le passager Baldowin qui, à cheval et armé d'un bâton, galopait du côté de la ville; nous l'arrêtâmes : il était furieux contre le capitaine, et tellement furieux qu'il avait peine à parler distinctement. Il nous apprit cependant qu'il poursuivait des gens qui venaient de lui voler sur la plage plusieurs sacs de farine de manioque, mais que ce pillage n'avait eu lieu que par la faute du capitaine qui avait fait retirer les troupes; qu'il n'y avait plus personne pour garder ni pour sauver les effets et marchandises, que tout était au pillage, qu'il perdait le peu qu'il possédait et que s'il pouvait rencontrer ce *picaron* de capitaine il l'assommerait, &a. Je l'engageai à se modérer, lui observant qu'il n'obtiendrait rien par la violence et qu'il valait infiniment mieux s'adresser aux tribunaux. Il me demanda alors à qui il devait porter sa plainte? je lui répondis qu'ayant déja moi-même commencé des poursuites contre le capitaine, c'était à Mr. le Juge député du Consulat que je m'étais adressé, Baldowin apprenant cela me pria aussitôt de vouloir bien le comprendre dans ma réclamation contre le capitaine, pour une somme de 800,000 Reiss (environ 800 Piastres fortes), qu'il me déclara perdre par cet évènement. Lopez m'ayant fait la même demande, pour une somme bien inférieure, je leur promis à tous deux d'agir suivant leurs desirs, engageant néanmoins Baldowin à aller faire sa déposition chez Monsieur le Juge de Commerce et lui donnant son adresse par écrit sur un caré de papier; il nous quitta en me disant qu'il s'y rendait à l'instant, tandis que Lopez, le voiturier et moi nous continuâmes notre route vers le lieu du naufrage; nous y trouvâmes les passagers Thomas Dias et Joachim Pintos, qui aussi furieux que les autres contre le capitaine, me supplièrent de vouloir bien les comprendre dans ma réclamation en dommages et intérêts, le premier pour une somme de 260 à 280,000 Reiss (260 à 280 Piastres fortes), et le second pour une de 30 à 40,000 Reiss (30 à 40 Piastres fortes), affirmant l'un et l'autre, perdre approximativement ces valeurs; je pris note de leurs demandes pour en faire usage en temps et lieu, et je fus m'occuper de mes propres affaires.

On voyait flotter sur la mer une immense quantité de caisses, sacs, ballots et marchandises de toute espèce, qui s'éloignaient lentement et dans toutes les directions sans que personne s'en occupât le moins du monde; et comme la mer était encore fort calme, et que les courans et la

marée portaient alors au large, il n'y avait que fort peu
d'articles qui vinssent à terre: tandis qu'avec deux embarcations seulement et cinq ou six hommes, on aurait pû
facilement encore ce jour là, sauver tout ce qui restait à
bord et recueillir la plus grande partie de ce que la mer
entraînait et dispersait! mais on eut dit, que c'était la perte
totale du chargement que l'on voulait, toutes les dispositions
étant bien plus propres en effet, à faire disparaitre ce qui
était à bord qu'à rien sauver. — Les frais de sauvetage
même ne pouvaient fournir une excuse plausible, puis qu'il
aurait suffi de la plus petite partie des marchandises qui se
perdaient sous nos yeux, pour payer les frais nécessaires
pour sauver le tout, et sans qu'il fût besoin seulement de
se servir des matelots du bord qui, tranquillement couchés
sous la tente, *refusaient* même de donner la main pour aider
à retirer le peu que la mer nous renvoyait.

En arrivant à la plage, je trouvai mon fils et mon
domestique en train de soigner les divers effets que l'on avait
pû sauver le matin, mais cela se bornait à quelque peu
de linge, quelques robes et vêtemens de ma femme hors
de service même, car les objets en couleur avaient déteints
sur le blanc et le tout en un mot était perdu par l'eau
de mer; tandis que le matin encore, non seulement ces
effets, mais tous ceux aussi qui manquaient en ce moment,
étaient intacts, secs et parfaitemens bien conservés......!
Ma caisse N°. 23, contenant le reste de nos provisions de
bord, venait également d'être jetée à la côte, mais elle

était pleine d'eau salée, toutes les bouteilles et ustensiles brisés, le tout enfin, *perdu!*

Peu d'instans après mon arrivée, Julien Richard, son beau-frère Auguste Dies, Guillermo Crook et mon domestique m'ayant offert de se rendre à bord, pour essayer de sauver quelque chose et particulièrement les caisses contenant ma bibliothéque et mes Collections d'Histoire-Naturelle aux quelles j'attachais le plus grand prix, je voulus les faire embarquer de suite dans le canot: mais à ma grande surprise, le second s'y opposa formellement, en déclarant qu'il n'avait pas d'ordre du capitaine à cet égard. Un tel refus ne pouvant se concevoir, en pareille circonstance surtout et au moment où le temps menaçait d'un très prochain orage, je priai toutes les personnes présentes et notamment les deux employés de la douane, de vouloir bien être témoins que: *je priais, et requerrais au besoin le second, de laisser embarquer dans le canot du bord, des gens à moi, pour aller sauver mes effets, et que s'y refusant, je le rendais responsable de toutes les conséquences et préjudices!* Les deux employés, témoins eux-mêmes de tout ce qui s'était passé depuis le naufrage, ne purent retenir leur indignation, et après avoir demandé au second quelle raison il pouvait donner pour s'opposer à une chose aussi juste et naturelle, ils finirent par le sommer également d'accéder à ma demande, puisqu'il était bien naturel qu'après avoir autant perdu déja, je cherchasse à sauver le peu qui pouvait me rester à bord. Le second qui, s'il eut été le maitre, aurait été le premier à m'aider j'en suis convaincu, ne pouvant donner d'autres raisons que le manque d'ordres du capitaine à cet égard, et qui peut-être et probablement même en avait reçu de formels pour s'opposer à ce que je pusse rien sauver, le second dis-je, sentant la justice de ma demande, et d'ailleurs tout le monde étant contre lui et voyant que j'étais bien décidé à enlever plustôt le canot de force, il finit par dire que je pouvais faire ce que bon me semblerait et qu'il ne se mêlait de rien. En même temps, et pour la première fois à ma connaissance, il se plaignit amèrement du capitaine, qui nous dit-il, passait son temps à la ville, se promenant à cheval, et sans encore lui laisser aucun ordre, sans seulement leur envoyer des vivres: qu'il ne savait plus donc ce qu'il devait faire et que nous pouvions en conséquence agir à notre gré.

Profitant aussitôt de cette espèce de victoire, je fis embarquer à l'instant tout mon monde, en leur recommandant par dessus tout, de sauver mes caisses d'Histoire-Naturelle, entières autant que possible et sans les ouvrir, et plus particulièrement encore la caisse N°. 1, qui était énorme et qui contenait presque tous mes quadrupèdes, une très grande quantité d'oiseaux empaillés, des armes &a.; mais j'eus bientôt le chagrin de voir de la plage où j'étais resté à les attendre, qu'il leur était impossible de remplir mes intentions à cet égard, car les caisses ayant été forcées et brisées, leur contenu flottait dispersé sur l'eau et ils étaient obligés de le retirer de la mer pièces par pièces:

ils revinrent donc très promptement, m'apportant une centaine d'oiseaux seulement et 2 ou 3 quadrupèdes, mais sans
qu'il y eût une seule pièce de bonne, et dans un tel état
même, que je fus sur le point de rejeter le tout à la mer:
et si je m'en abstins après réfléxion, ce ne fut que pour
prendre à loisir les descriptions du tout, sans espoir d'en
tirer jamais aucun autre parti.

Richard me dit que tout ce qui restait dans la cale
avait été ouvert ou brisé, qu'on n'y trouvait plus une seule
caisse entière et qu'il fallait ainsi renoncer à toute idée de
rien sauver de plus, puis qu'il leur avait été impossible de
trouver seulement une caisse en bon état pour y placer les
oiseaux qu'ils venaient de me rapporter.

Cette douloureuse conviction m'affligea d'autant plus
cruellement, que jusqu'à ce moment, j'avais crû fermement
pouvoir sauver tout ce que j'avais dans la cale, et surtout
mes Collections; ma caisse N°. 4, contenant toute ma biblio-
thèque, mes papiers, brevets et registres, tous mes manuscrits de l'Histoire-Naturelle de la Province de S^te. Catherine
formant environ 4 volumes prêts à être livrés à l'impression,
et un volume de planches qui se composait de plusieurs
vues de la ville et de la rade, d'un grand nombre de
fleurs et de plantes des plus intéressantes de la Province,
et dont plusieurs n'étaient pas encore décrites, le tout peint
d'après nature par ma femme; ma caisse N°. 22, contenant
une provision considérable de plumes et d'écailles préparées
pour faire des fleurs &a.; — et je voyais en ce moment

avec désespoir, qu'il ne me restait plus rien absolument de tout cela, et que les objets aux quels je tenais le plus étaient précisément ceux qui ne reparaissaient pas! il me semblait que je venais une seconde fois de faire naufrage: le découragement le plus absolu s'empara de moi et je regrettai pendant quelques instans de n'avoir pas péri avec tous les miens! je fus même jusqu'à reprocher à Guillermo d'être venu à notre secours......! Reprenant bientôt courage cependant, et surmontant ce premier mouvement de faiblesse, je fis charger sur une charette les débris que je venais de sauver et, voyant la nuit et l'orage s'approcher, nous regagnâmes tristement la ville, emmenant cette fois mon domestique avec nous, puisqu'il ne nous restait hélas! plus rien à faire garder.

Au moment où nous allions partir, nous vîmes arriver deux hommes à cheval, qui nous dirent être envoyés sur la demande du capitaine pour remplacer les soldats retirés depuis la veille; mais c'était une véritable dérision que d'envoyer *deux hommes* pour garder deux lieues de côte, la nuit surtout! et c'est lorsque tout le mal était fait, lorsque tout était pillé que l'on envoyait des gardiens......!

Les jours suivans, j'eus beau faire faire toutes les recherches possibles, tant à bord que sur la côte, je n'ai jamais pû retrouver une seule pièce de tout ce que j'avais dans la cale, à la seule exception de quelques plantes et quelques oiseaux que l'on trouvait de temps à autre sur le rivage, mais enfouis dans le sable et tellement abîmés que

14.

je ne les ai pas même fait relever. — Et cependant si le capitaine l'eût voulu, s'il eût permis seulement que l'on profitât de ces trois jours successifs de beau temps, non seulement je n'aurais pas perdu la moindre des choses de tout ce que j'avais dans la cale, mais encore la cargaison presqu'entière eût été sauvée! voila des faits! ils ont été à la vue, ils sont à la connaissance de toute la population de Maldonado! que l'on prononce maintenant si le capitaine Delpino, non seulement a rempli strictement ses devoirs, mais encore s'il n'est pas *coupable*, et conséquemment donc *responsable* de tous les dommages.

Le Vendredi 29, le temps étant très mauvais, je ne pus ni envoyer ni aller moi même à la plage; je fus seulement dans la matinée voir Mr. le Juge de Commerce, qui ayant lû attentivement mon rapport, me dit de faire une demande soit protestation contre le capitaine, motivée sur sa conduite et en donnant un abrégé des principaux faits, et de lui porter cette pièce dès qu'elle serait prête, pour qu'il fit le nécessaire.

J'appris aussi ce jour là, que personne n'ayant voulu acheter le chargement du navire ainsi à bord, et sans avoir vu préalablement en quoi il consistait et en quel état il se trouvait, le capitaine venait enfin de se décider à faire débarquer le peu qui restait, consistant principalement en une trentaine de pipes d'eau de vie de canne et quelques sacs de farine de manioque, pour une fois à terre, vendre le tout en *remate* ainsi que la coque u navire.

Espérant donc de nouveau, retrouver quelques caisses parmi les objets que l'on allait débarquer, dès le lendemain Samedi 30, le temps étant meilleur, j'envoyai mon fils à la plage avec injonction d'y rester et d'y coucher même, jusqu'à ce que tout fut débarqué, et tant qu'il y aurait le moindre espoir de sauver quelque chose nous appartenant : mais ce fut peine perdue, car après y avoir demeuré deux jours et deux nuits, il revint sans rapporter autre chose qu'un paquet de plantes séches, et tellement avarié encore que je le fis jeter en arrivant.

Ce jour là 30, je me rendis dans la matinée auprès de M^r. le Juge de Commerce pour lui remettre la protestation qu'il m'avait demandée la veille, et voulant en même temps faire entendre la déclaration du témoin le plus important à mon avis, le passager Francisco de Paula, qui m'avait dit que je n'aurais qu'à le faire appeler lors qu'il serait nécessaire, je priai Lopez que je rencontrai dans la rue, de vouloir bien aller le chercher : mais il revint de suite me dire que Francisco était ivre et qu'il ne voulait pas bouger de la *poulperie* (cabaret). Assez surpris qu'un homme qui venait de tout perdre, eût pû trouver tout d'un coup suffisamment d'argent pour se griser, je n'y fis pourtant pas autrement attention dans le moment, me bornant à prier Lopez de veiller le moment où il serait à jeun pour le conduire auprès de M^r. le Juge de Commerce.

Le Dimanche 31, je sortis un moment dans la matinée avec Julien, et rencontrant les passagers Dias et Baldowin

Je leur dis qu'ils seraient probablement appelés le lendemain devant le Juge de Commerce pour y faire leur déposition ; mais à ma très grande surprise, Dias me répondit
n'avoir rien à réclamer et qu'il était satisfait, tandis que
Baldowin me dit qu'il ne voulait pas se mettre mal avec
le capitaine, et qu'il renonçait en conséquence à toute réclamation: ils m'engagèrent de plus tous les deux à ne pas
continuer mes poursuites, m'assurant que ce serait en pure
perte, que je ne retirerais jamais rien et que ce qui était
perdu, était bien perdu. — Ce changement subit dans la
manière de voir et dans les intentions de ces deux hommes,
qui la veille encore me pressaient d'accélérer les poursuites
et qui m'engageaient aujourdhui à les suspendre, tout cela
commença à me faire craindre que le capitaine n'eût cherché à gagner les passagers: car, sachant que ces deux ci
venaient de perdre à peu près tout ce qu'ils possédaient,
je ne pouvais m'expliquer ce désintéressement subit et cette
grande philosophie qu'au moyen de quelque indemnisation
ou tout au moins de quelque belle promesse qui suffisait
pour les faire changer de langage ; et je n'en ai plus douté
lors que arrivé à Montévideo, j'ai vû ces deux mêmes
hommes poursuivre le capitaine avec acharnement devant
le Tribunal de Commerce, et y obtenir enfin un jugement
contre lui.

Je remarquai ce jour là une partie des matelots de la
Polacre parcourants la ville armés de fort longs bâtons : dès
qu'ils m'eurent apperçu, ils me suivirent constamment et

partout, et pendant plusieurs jours de suite on les a vus sans cesse rôder autour de la maison que j'habitais....! Quelles étaient leurs intentions, et quels étaient les ordres qu'ils avaient reçus? je l'ignore, je me borne à rapporter des faits.

Le Lundi 1er. Avril, étant sorti pour retirer des mains de différentes personnes des objets m'appartenant et qui avaient été vus chez eux, je rentrai sur les midi sans avoir rien pû obtenir, chacun niant avoir trouvé ce que je réclamais. J'appris qu'en mon absence l'on était venu me chercher pour me rendre à l'instant même au Tribunal de Commerce, mais que ne m'ayant pas rencontré on me fesait prévenir que l'audience était remise pour l'après midi à trois heures précises. — Je m'y rendis exactement, et fus surpris de n'y trouver que les passagers Dias et Baldowin, précisément ceux qui la veille m'avaient manifestés l'intention de ne pas vouloir donner suite à leurs demandes contre le capitaine! je demandai donc à l'huissier si tous les autres passagers n'avaient pas été cités, et particulièrement Francisco de Paula le plus important de tous? il me répondit que Francisco était parti pour Montévideo dès la veille, et que quant aux autres il n'avait pû trouver leur demeure. Ce départ subit de Francisco me surprenant au delà de toute expression, je me réservai d'en rechercher les causes, et ignorant moi-même la demeure de Joachim et celle de Jacinto, je donnai à l'huissier l'adresse de mon domestique et celle de Lopez qui logeait comme je l'ai dit chez Mr.

Aguilar, et qui la veille encore m'avait de nouveau témoigné son indignation tant contre le capitaine lui-même, que contre les deux passagers qui refusaient de le poursuivre; l'huissier fut de suite chercher mon domestique, mais quant à Lopez il me dit que cela était inutile puisqu'il l'avait déja prévenu et qu'il refusait de venir. Ne mettant pas en doute que le refus de Lopez n'eût eu lieu que parcequ'il ignorait probablement de quoi il s'agissait, je l'envoyai chercher de nouveau par mon domestique dés que celui-ci fut arrivé, et j'ai su depuis que ce ne fut qu'avec la plus grande peine qu'il put le décider à venir, et seulement lors que l'audience était déja commencée.

Le capitaine après s'être fait attendre près de deux heures arriva enfin, et aussitôt on nous fit entrer, lui et moi seulement, devant Mr. le Juge député du Commerce, qui assisté de son greffier (escribano), me dit de lire à haute voix ma protestation, tandisque le greffier la transcrivait à mesure sur son registre.

Cette pièce contenait une brève exposition des principaux faits et dates de notre embarquement et voyage, et je concluais en disant: qu'ayant naufragé le 25 du Courraut à 2 heures du matin sur la Plage de St. Rafaël, le naufrage n'avait eu lieu, à mon avis du moins, non seulement que par la faute, mais encore par la *Volonté* bien manifeste du Capitaine Delpino, comme le prouvaient diverses circonstances que je détaillerais en temps et lieu et notamment l'ordre donné par lui à minuit de gouverner au *NORD*, l'accusant pour ce fait du crime de *Baratterie de Patron*, et demandant en conséquence des dommages et intérêts pour les pertes et préjudices qu'il me causait, soit par le naufrage lui-même, soit en ayant négligé les moyens les plus ordinaires en pareil cas pour le sauvetage du chargement; soit enfin pour s'être rendu à bord sans en prévenir les passagers et avoir forcé ou laissé forcer toutes les caisses et malles qui se trouvaient dans la cale. Je terminai en demandant au Tribunal la saisie provisoire de tout ce qui pouvait appartenir au Sr. Delpino, et notamment ce qu'il avait chez son consignataire.

Aussitôt que j'eus terminé cette lecture, ou pour mieux dire cette dictée, Mr. le Juge demanda au capitaine qui était assis près de moi, ce qu'il avait à répondre? — Celui-ci se borna à dire: que, *tout ce que je venais d'avancer était faux*, et qu'il demandait que *je lui payasse mon passage et celui de ma famille* que j'avais pris l'engagement d'acquiter *à notre arrivée.* — Sans attendre d'autres observations Mr. le Juge fit introduire au même instant les quatre témoins ci-dessus désignés, et dès qu'il sut que l'un d'eux était mon domestique, il fut immédiatement renvoyé sans avoir été entendu, et l'on passa à l'audition des trois autres.

— Mr. le Juge demanda d'abord à Baldowin: " si il croyait que le naufrage eût eu lieu par la volonté du capitaine? " il répondit: — " qu'il ne croyait pas qu'un homme pût faire naufrage volontairement, puisqu'il exposait ainsi sa vie et sa fortune; et que dans le cas présent particulièrement, le capitaine lui ayant déclaré que le navire et son chargement lui appartenaient, il aurait alors agi contre ses intérêts, ce qui n'était guère probable; mais que cependant il reconnaissait qu'il y avait eu négligence au moins (*descuido*) de la part du capitaine. " On lui demanda ensuite, " s'il était à sa connaissance que le capitaine eût été à bord depuis le naufrage, et qu'il eût forcé ou laissé forcer des malles et caisses m'appartenant? " sa réponse fut: " qu'il ne savait rien à ce sujet. " — J'observai aussitôt que la déposition que je venais d'entendre était entièrement opposée à ce que m'avait dit le témoin lui-même à diverses reprises, et notamment le jour où je le rencontrai venant de la plage armé d'un bâton poursuivant comme un furieux le capitaine; et j'offris de prouver le fait par la déposition du voiturier qui était avec nous ce jour là, ainsi que par celle du Sr. Lopez en ce moment en présence du tribunal. — Le Juge demanda alors à Lopez: ce qu'il savait à cet égard? mais celui ci, troublé, les yeux baissés et pouvant à peine parler répondit: " qu'il ne savait rien, qu'il ne se rappelait de rien, qu'il *croyait* bien en effet avoir vû Baldowin fort en colère et armé d'un bâton, mais qu'il ne se rappelait plus ce qu'il avoit dit! "

On passa ensuite à l'audition du Sr. Dias et Mr. le Juge lui ayant fait les mêmes questions qu'à Baldowin, il répondit à la première à peu près dans les mêmes termes que lui, ajoutant seulement à la seconde que: " le capitaine avait effectivement été à bord, mais que mon domestique étant ce jour là à la plage c'était donc à lui à veiller à mes effets. " Je répondis, " que mon domestique n'était point moi, que je ne l'avais jamais présenté au capitaine comme mon représentant, et que d'ailleurs, pendant qu'il était à terre il n'avait pû empêcher que l'on ne brisât mes caisses et malles à bord, et qu'une fois à bord il n'avait pû surveiller ce qui était à terre ; et qu'enfin, tout cela n'aurait point eu lieu si le capitaine ne s'était pas opposé pendant trois jours successifs de beau temps à ce que l'on se rendît à bord, et si seulement il m'eût fait prévenir lors qu'il y était allé au lieu de me tromper indignement en me fesant dire par mon fils que l'on n'irait pas de plusieurs jours, tandis que peu d'heures après il s'y était rendu presque clandestinement. "

On passa enfin à l'interrogatoire de Lopez, mais celui-ci continuant à n'oser parler, répéta : " qu'il ne savait rien et qu'il n'avait rien vû. "

Je demandai aussitôt à Mr. le Juge de vouloir bien, actuellement que toutes les dépositions étaient entendues et avant d'aller plus loin, faire prêter serment aux trois témoins que les déclarations qu'ils venaient de faire étaient exactes et conformes à la vérité ; mais il me répondit que cela était inutile, que tout ce que nous fesions en ce moment n'était que provisoire et qu'à Montévideo on ferait le nécessaire. — Je demandai encore, que les autres passagers et une foule d'autres témoins de la ville fussent entendus ? le greffier me répondit que l'on verrait cela plus tard, parceque Mr.

le Juge ne pouvant prononcer seul dans cette affaire, il fallait pour la suivre qu'il s'adjoignît deux autres personnes, qu'il allait s'en occuper et qu'en temps et lieu l'on nous ferait prévenir : immédiatement après la séance fut levée.

Dès le lendemain Mardi 2, je fus voir Mr. le Juge de Commerce pour le prier de vouloir bien accélérer mon affaire, étant fort pressé de la terminer afin de partir pour Montévideo; mais il m'engagea fortement à ne pas y donner plus de suite à Maldonado, où il n'y avait pas de Tribunal compétent, puisque quelle que fût la décision qu'il prononçât, les parties devaient toujours recourir au Tribunal siégeant à Montévideo : il me conseilla en conséquence de me borner à faire recevoir par devant l'Alcalde, les dépositions des témoins que je jugerais nécessaires et de me rendre ensuite à Montévideo avec toutes ces pièces pour y suivre à ma demande.

Très incertain sur la marche que je devais suivre dans une affaire aussi délicate et aussi importante, et n'y ayant pas d'avocats à Maldonado, je fus consulter Mr. Aguilar père. Il fut le premier à me parler de mon affaire dont il avait eu connaissance par Mr. le Juge de Commerce lui-même, et me dit qu'il croyait que tout le malheur provenait d'une *équivocation* du capitaine. Je lui répondis qu'il ne pouvait y avoir eu d'autre *équivocation* que celle d'avoir fait gouverner au Nord lorsqu'il fallait gouverner à l'Ouest, mais que le fait était trop positif et à la connaissance de trop de personnes pour que le capitaine pût oser le nier.

— " Mais il ne nie point avoir donné cet ordre, " me dit aussitôt Mr. Aguilar, " puis qu'au contraire dans sa protestation il dit : qu'ayant fait sonder sur les minuit et n'ayant trouvé que cinq brasses d'eau et fond de sable, ce qui est précisément l'indication du banc Anglais, il avait supposé de suite que les courans l'avaient jeté sur ce banc, et c'est alors qu'il fit gouverner au Nord pour s'en éloigner. "

— N'ayant point eu connaissance de cette protestation du capitaine, je fus tellement surpris de ce changement de défense, et de voir qu'il confessait actuellement avoir donné l'ordre en question tandis que la veille encore il le niait formellement, que je ne sus d'abord que répondre : et d'autant mieux que n'ayant pas bien présent à la mémoire le cours de la Plata, et les positions respectives du Cap Ste. Marie, du banc Anglais et de Maldonado, je trouvai assez plausibles au premier moment, les excuses qu'il présentait pour avoir donné cet ordre ; j'en convins avec Mr. Aguilar ainsi qu'avec le Capitaine lui-même qui survint en ce moment, et qui me répéta avec affirmation qu'il s'était crû sur le banc Anglais et que c'était la seule cause de notre malheur. — Ne pouvant discuter à ce sujet tant que je n'avais pas une Carte de la rivière sous les yeux, je lui répondis que si c'était une erreur en effet qui avait causé notre naufrage, ce ne pouvait être une erreur aussi qui l'avait déterminé à se sauver le premier de son bord, en y laissant des passagers, et notamment une femme et des enfans sans aucun secours ? — " Oh ! quant un navire fait

" côte, me répondit-il, c'est comme une bataille perdue,
" chacun se sauve comme il peut et quand il peut et le
" capitaine comme les autres. " — Extrêmement surpris
d'entendre un capitaine de navire émettre un tel système,
je lui observai que j'ignorais il est vrai les lois de son
pays à cet égard, mais que je savais fort bien qu'en France
et en Angleterre, tout Capitaine de Navire qui, en cas de
naufrage, quittait volontairement son bord tant qu'il y restait
un seul individu vivant, était *puni de mort* dans la marine
royale et *des galères à perpétuité* dans la marine marchande.
— Cette observation fit beaucoup rire le capitaine et Mr.
Aguilar lui-même, qui trouvait très absurde qu'un capitaine
ne pût en cas de danger se sauver aussitôt que l'occasion
s'en présentait; ils cherchèrent tous les deux à me prouver
qu'une telle loi ne devait pas exister puisque l'on ne pouvait contraindre un capitaine à sauver son équipage et ses
passagers, si cela ne lui convenait pas de le faire! — Les
raisons que me donnaient ces deux Messieurs me paraissant
par trop éloignées de tout principe de civilisation, je ne
voulus point pousser plus loin cette discussion, me bornant
à demander au capitaine, pourquoi il n'avait rien fait, ni
même rien laissé faire pour sauver la cargaison pendant
les trois premiers jours où le temps était superbe, et pendant lesquels il aurait été si facile de sauver la presque
totalité du chargement? — il me répondit à cela, " que tout
" ce que j'avais vû flotter sur la mer ne lui appartenait
" pas, que les divers propriétaires de ces marchandises

» pouvaient les faire retirer si bon leur semblait, mais que
» quant à lui il ne s'était occupé que de ce qui lui appar-
» tenait, et que le reste ne le regardait plus!!.....»

De pareils principes me paraissant hors de toute légis-
lation, et plutôt dignes de sauvages que d'un peuple civi-
lisé, je compris que le capitaine n'avait, ou feignait de
n'avoir aucune notion des devoirs imposés au commandant
d'un bâtiment, quel qu'il soit, chez toutes les nations poli-
cées; et je m'en convainquis bien d'avantage, lors que lui
ayant dit que j'avais toujours crû que le premier devoir
d'un capitaine ou patron était, en cas de malheur, de s'occuper aussitôt des intérêts de ses commettans, en sauvant
et fesant sauver le plus possible de la cargaison, il m'eut
répondu froidement, — » eh! qui m'aurait remboursé les
» frais que j'aurais faits pour sauver tout cela?« — Cette
singulière question me stupéfia tellement que je fus quelques
instans avant de pouvoir lui répondre que: lors même que
son devoir ne lui eût pas ordonné de s'occuper spécialement
du sauvetage des marchandises naufragées, comme je persistais à le croire, je ne mettais du moins pas en doute
que leurs divers propriétaires n'eussent consenti, avec joie
même, à sacrifier le tiers ou le quart de leur avoir pour
sauver le reste: et que quant à moi, s'il m'eût demandé
si je voulais entrer dans ces frais, c'eût été avec le plus
grand plaisir que j'aurais dépensé quelques Piastres pour en
conserver plusieurs milliers.

Voyant enfin que nos idées et nos principes différaient

trop, en apparence du moins, pour que nous pussions être jamais d'accord, je quittai ces Messieurs, et quoique fort peu satisfait des dernières excuses du capitaine, je rentrai cependant chez moi, tout disposé à l'absoudre quant au fait du naufrage *volontaire*, me reprochant même d'avoir manifesté quelques soupçons à cet égard et ne l'accusant plus du moins que d'incapacité et de négligence. Mais bientôt en y réfléchissant mieux, je crus me rappeler qu'il y avait une distance considérable de l'Isle de Lobos près de laquelle nous avions naufragé, au banc Anglais sur lequel le capitaine prétendait avoir crû se trouver! je cherchai de suite en conséquence à me procurer une Carte de la Plata, et en ayant trouvé une excellente (celle de Dⁿ. Benito Aizpurua, dont je joins ici un extrait), je vis clairement au premier coup d'œil combien était absurde l'excuse que cherchait à donner le capitaine, m'étonnant seulement que Mr. Aguilar eût pû l'admettre un seul instant; car je le demande à tout homme qui a la moindre idée de la navigation, à toute personne qui jetera seulement les yeux sur la Carte, est-il possible qu'après avoir eu connaissance du Cap Ste. Marie à midi, le laissant sous le vent à environ une lieue et demie, et ne l'ayant perdu de vue que vers les 4 ou 5 heures du soir, ayant gouverné toute la journée au Sud-Ouest par une brise régulière de Sud, c'est-à dire au plus-près et marchant tout au plus trois Milles par heure, est-il possible dis-je, est-il présumable qu'un capitaine puisse se croire à minuit sur le banc Anglais....! tandisque ja distance du Cap S^te. Marie à la pointe du banc Anglais est d'environ *CENT MILLES*....!!! Comment..! la plage de St Rafaël lieu du naufrage, n'est pas au *tiers* de la distance du Cap S^te. Marie au banc Anglais et déja le capitaine se croyait sur ce banc....! dans 12 heures, de midi à minuit nous eussions fait *trois fois* plus de route que l'on n'en avait calculé....! c'est-à-dire *Cent Milles* au lieu de *Trente*......! Mais, en ne trouvant tout-à-coup que *cinq* brasses d'eau, n'était-il pas mille fois plus naturel de se croire sur la côte que nous avions vû de si près quelques heures auparavant, et sur laquelle d'ailleurs les vents nous jetaient depuis le matin, et où conséquemment les courans avaient dû nous porter également, puisque dans la Plata les courans suivent presque toujours le cours du vent, plutôt que de se supposer jeté tout-à-coup et dans quelques heures à plus de *Soixante Milles* au large et du côté précisément d'où soufflait le vent......!!

Et en admettant même encore que le capitaine se fût réellement crû sur l'accore du banc Anglais, ne suffisait-il pas pour s'en retirer de laisser porter seulement de 3 ou 4 quarts et sous petite voilure jusques à ce que le fanal du Cerro de Montévideo, que dans ce cas nous ne devions pas tarder à appercevoir, vînt nous indiquer notre position précise, au lieu d'arriver ainsi en grand de *DOUZE Quarts* par une nuit aussi obscure et toutes voiles dehors ? -- n'était-ce pas manifestement *vouloir* se perdre ? -- car enfin, nous eussions été effectivement sur le banc Anglais, que gouvernant ainsi au Nord, avec bonne brise de Sud et toutes voiles dehors, nous devions nécessairement encore tomber sur la côte avant le jour!

Quelle que fût donc notre position à minuit, soit sur le banc Anglais, soit près de l'isle de Lobos, soit partout ailleurs entre le Cap S^{te}. Marie et Montévideo, que *gouvernant au Nord*, toutes voiles dehors et par une nuit aussi noire, c'était indubitablement *Vouloir se jeter à terre!*

Ainsi donc, je me borne à demander, que sans avoir égard à tous les antécédens, sans s'en rapporter en rien à ce que j'ai pû dire, je demande dis je, que l'on prenne la Carte de la Plata, que l'on suive le cours de ce fleuve, et sans autre document que la propre déclaration du capitaine lui même, que l'on prononce, non seulement s'il était sage et prudent, mais encore s'il n'y avait pas *intention manifeste de se perdre*, pour donner l'ordre de gouverner au *Nord*, dans les circonstances indiquées!!!

— Telle était cependant l'excuse que le capitaine essayait de faire valoir pour pallier *sa faute* (pour ne pas dire *son crime*)! car son malheureux ordre avait été entendu par trop de personnes pour qu'il lui fût possible de le nier plus longtemps: et d'autant mieux que celui même à qui il l'avait donné, le passager Francisco de Paula, en avait déja parlé ouvertement et devant un grand nombre de personnes, le jour même du naufrage et avant que l'on eût pensé à lui faire sa leçon; il fallait donc bien en conséquence renoncer à nier un fait déja trop public, et chercher une excuse

dans les courans qui dans quelques heures auraient fait faire
☞ contre le vent ⟵⊙ 70 *Milles* de plus que l'estime!
— Mais comme on ne pense pas toujours à tout, Mr. le
Capitaine Delpino n'a pas réfléchi en inventant cette belle
excuse qu'elle était trop grossière pour être admissible, et
que dans ce cas même encore, ce n'était pas au NORD
qu'il aurait fallu faire gouverner.

Bien convaincu donc qu'il n'y avait rien de vrai dans
toutes ces belles protestations du capitaine, et que cette
nouvelle excuse n'avait été imaginée que pour m'abuser et
dans l'espoir de m'empêcher de donner cours à mes poursuites, je résolus, suivant les conseils de Mr. Aguilar et de
Mr. le Juge de Commerce, de faire entendre par devant
l'Alcalde, les dépositions des témoins les plus importans, et
une fois muni de ces pièces indispensables, me rendre de
suite à Montévideo pour y intenter mon action contre le
capitaine.

Sentant de plus combien nous étions à charge à la
famille Richard, (quoique jamais cependant ces braves gens
ne nous l'ayent laissé voir en rien), et pressé d'ailleurs par
toutes sortes de raisons de quiter Maldonado, je fis prier
les divers témoins de vouloir bien venir le lendemain faire
leur déposition: et notamment Auguste Dies, dont le témoignage était des plus importans, puisque n'ayant pas quité
le rivage depuis le 25 au matin, il savait ainsi mieux que
personne tout ce qui s'y était passé depuis cette époque;
les autres témoins étaient: Mr. Ferdinand Séron, Guillermo

16.

Crook, Julien Richard, les deux employés de la douane et une foule d'autres personnes de la ville.

Dies, quoique très occupé sur la plage à démolir la carcasse de la Vigilante, achetée à l'enchère par Mr. Aguilar père pour une somme de 250 Piastres fortes, arriva sur mon invitation dès le lendemain Jeudi de grand matin, et je me rendis aussitôt avec lui et Richard chez Mr. l'Alcalde où devaient également se rencontrer les divers autres témoins, mais il nous déclara aussitôt que vû la solemnité des *jours saints* il ne pouvait recevoir nos dépositions avant le Samedi suivant. Lui ayant cependant observé que je n'attendais qu'après cette formalité pour partir pour Montévideo, que déja j'avais arrêté une charrette et que le voiturier me pressait de partir, il nous conseilla alors de nous rendre auprès de *l'escribano* (greffier), de lui faire recevoir toutes les dépositions et qu'il signerait ensuite le tout lui-même plus tard ; mais Mr. *l'escribano* ne fut point aussi obligeant que l'Alcalde, car malgré mes instances réitérées, malgré tout ce que je pus lui dire sur le tort que me causerait un pareil retard, il ne voulut entendre à rien, ne pouvant nous dit-il, recevoir aucune déposition tant que dureraient les fêtes, donnant pour raison que les Tribunaux étaient fermés pendant tout ce temps. — Il nous ajourna donc au Mardi suivant à dix heures du matin, et je me vis ainsi forcément obligé de perdre encore cinq jours de plus.

Ce fâcheux et long retard m'affligea d'autant plus, que les Richard étaient eux-mêmes fort pressés de se rendre à

Montévideo, et qu'ils n'attendaient que nous, depuis plusieurs jours, pour faire ce voyage: que le charretier de son côté me sollicitait de partir, menaçant de me faire payer une indemnité pour chaque jour de retard ; et qu'enfin je manquais tout-à-fait d'argent, car la bourse des Richard n'était pas bien profonde, et 30 Piastres que Mr. Aguilar le père avait eu l'obligeance de me prêter le lendemain du naufrage avaient été promptement employées pour nous procurer quelques chaussures et vêtemens indispensables. J'espérais pourtant que cette prolongation de séjour à Maldonado, me permettrait de recevoir des nouvelles et de l'argent de Montévideo, car dés le 28, j'avais écrit à Mr. le Consul de France pour lui faire part du malheur qui venait de nous arriver et lui dénoncer la conduite du capitaine, en le priant de commencer des poursuites contre lui; j'avais écrit en même temps à divers amis tant à Montévideo qu'à Buenos-Ayres, et j'étais extrêmement surpris de n'en avoir encore reçu aucune réponse. Mr. Aguilar père étant chargé de la Direction des Postes, j'avais remis mes lettres en mains propres à son fils ainé, Mr. Pancho Aguilar, qui m'assurait chaque jour les avoir expédiées lui-même et qu'elles devaient être rendues à leur destination; mais au retour du courrier, n'ayant encore reçu aucune réponse, et ne pouvant me rendre raison d'un pareil retard, dans de telles circonstances surtout, j'écrivis une 2de. fois le 3 Avril à Mr. le Consul: mais je n'en reçus pas davantage de réponse, et ce ne fût que le 13, à notre arrivée à

Montévideo que je trouvai un paquet de lettres de diverses personnes que l'on allait m'expédier par un exprès à cheval, Mr. le Consul n'ayant reçu ma lettre du 28, et celle du 3, que le 11 au soir seulement, et toutes les deux jointes ensemble et sous une même enveloppe, quoique je les eusse remises séparément à Mr. Aguilar fils, et à six jours de distance l'une de l'autre. — Je n'ai jamais pû savoir, et j'ignore encore par quelles manœuvres mes lettres ont pû être ainsi retardées! on aurait seulement pû croire que l'on n'avait pas voulu qu'elles parvinssent à Montévideo avant le capitaine Delpino, qui y arriva en effet lui-même dans la journée du 11, à bord d'une embarcation de Mr. Aguilar, partie le 10, de Maldonado.

Ainsi forcé d'attendre qu'il plût à Mr. *l'escribano* de vouloir bien recevoir les dépositions dont j'avais besoin, je m'occupai à recommencer à nouveaux frais mes Collections d'Histoire - Naturelle, et du 5 au 9 Avril, je récoltai déja un assez grand nombre de Plantes et d'Oiseaux, dans les environs seuls de Maldonado.

Le Dimanche 8, je fus une dernière fois à la plage de St. Rafaël pour rappeler à Dies qu'il devait venir à la ville le lendemain Mardi, et pour voir en même temps s'il n'avait rien retrouvé qui m'appartînt; mais hélas! il ne restait déja plus trace de la malheureuse Vigilante: un violent coup de vent de Sud-Ouest qui avait eu lieu les jours précédens l'avait entièrement détruite, et quelques pièces de bois éparses sur le rivage, quelques débris ensevelis à

moitié dans les sables, étaient les seuls vestiges qui indi-
quassent encore qu'un bâtiment de 180 tonneaux, avait
échoué sur cette côte 8 jours auparavant! il ne restait donc
plus aucun espoir de rien sauver, et notre ruine était bien
complette! — Dies était occupé avec quelques autres hommes, à retirer du sable les débris que la mer y avait jetés,
quoiqu'ils ne valussent pas, me dit-il, les frais que cela
occasionait! car il m'assura n'avoir jamais vû un si vieux
navire, pouvant affirmer qu'il avait *au moins 22 où 24 ans*,
tandisque le capitaine l'avait vendu publiquement comme
n'ayant *que 7 ans*......!

Le Mardi 10 étant enfin arrivé, et *l'escribano* m'ayant
promis d'avance que nous serions promptement expédiés,
nous nous rendîmes dès le matin auprès de lui, pendant
que notre voiturier qui ne cessait de me solliciter pour
partir, chargeait sur sa charrette nos misérables debris,
comptant nous mettre en route dans l'après midi. — Mais
après avoir attendu fort longtemps Mr. *l'escribano*, il n'arriva
que pour élever de nouvelles difficultés! il ne voulait d'a-
bord consentir à recevoir aucune déposition sans que le
capitaine ne fût présent....! on l'envoya aussitôt chercher,
mais ainsi que je m'y attendais, il refusa de venir, et la
matinée se passa ainsi en courses et pourparlers sans qu'il
fût possible de rien conclure, et à midi le bureau fut fermé.
Nous passâmes plusieurs heures encore à nous promener
sur la place en attendant l'instant où on le rouvrirait; à la
fin cependant, mes témoins fatigués et impatientés étaient

sur le point de se retirer, lorsque sur les 4 heures arriva
pourtant Mr. *l'escribano* qui, fort surpris et de très mauvaise
humeur de nous trouver encore là, nous éleva de nouvelles
difficultés, prétendant qu'il fallait que l'Alcalde fût présent!
j'envoyai chercher l'Alcalde, mais il répondit à son tour que
cela regardait Mr. le Juge député du Consulat! on fut
encore chercher Mr. le Juge, mais il était absent! et ce
fut ainsi que de difficultés en difficultés la journée s'écoula,
et l'on nous remit au lendemain, après nous avoir fait passer un jour entier à nous promener devant la porte de
Mr. *l'escribano*, qui savait fort bien que je ne pouvais plus
différer mon départ, et qu'un délai de sa part équivalait à
un refus formel; puisqu'en effet, Dies était obligé de retourner à son travail le jour même et ne pouvait revenir le
lendemain: Julien, avait tout disposé pour partir dans la
soirée: et enfin nos effets étaient déja chargés et la charrette partie pour aller coucher à une lieue de la ville où
nous devions aller la rejoindre le lendemain de grand matin.
Il ne m'était donc plus possible de différer mon départ, et
prévoyant bien d'ailleurs que lors même que je persévérerais
huit jours encore, de nouveaux obstacles et de nouvelles
difficultés m'attendraient à chaque instant, je me décidai
à la fin à partir sans emporter les dépositions des témoins,
leur ayant seulement fait promettre à tous que si j'avais
besoin d'eux à Montévideo, ils s'y rendraient de suite.
Dies en particulier, indigné des entraves qu'il voyait que
l'on mettait à l'éclaircissement de cette affaire, me donna

provisoirement par écrit un abrégé de sa déposition, que je transcris ci-après comme *Pièce Justificative*. Il me promit en même temps de venir à Montévideo, et à Buenos-Ayres même s'il était nécessaire, pour la renouveller, et la développer au besoin devant qui de droit.

Pendant que Dics était occupé à écrire sa déposition, l'huissier du Tribunal vint m'apporter un compte de deux Piastres fortes pour frais de ma demande contre le capitaine, et il m'apprit en même temps que celui-ci devait le lendemain seulement, faire sa protestation officielle au sujet de son naufrage, pardevant Mr. le Juge député du Consulat. C'était je pense une nouvelle irrégularité, car j'avais toujours crû et je crois encore que cet acte important doit se faire immédiatement après le naufrage et en présence de tous les naufragés, et non 17 jours plus tard, après avoir pris tout le temps nécessaire pour calculer les termes les plus favorables et les excuses les plus naturelles, et surtout lorsqu'il ne reste plus sur les lieux aucun des naufragés, matelots et passagers, tous étant déja partis.

Le 10 Avril enfin, nous quittâmes Maldonado et n'arrivâmes que le 13 à Montévideo, où nous fûmes accueillis avec un empressement et une bonté inimaginables par *Madame et Monsieur* DELEYDERRIER *jeune, Genevois,* qui dès qu'ils eurent connaissance de notre malheur, s'empressèrent de nous offrir leur maison, leur table et leur bourse, avec un abandon de cœur, une générosité d'effusion dont malheureusement, il n'y a que bien peu d'exemples ; et pourtant nous n'avions point l'avantage de les connaître personnellement, nous n'avions d'autres titres à leurs yeux que d'être malheureux et d'avoir tout perdu, et c'est alors qu'ils nous ont accueillis comme des frères, comme d'anciens amis!! Nous n'avons pour le moment que notre amitié et notre reconnaissance à leur offrir, mais l'une comme l'autre leur sont solidement et éternellement acquises, et nous trouvons ainsi dans notre malheur un bien grand dédommagement par l'acquisition de tels amis, car ce sont ceux, et seulement ceux que l'on trouve dans l'infortune qui sont les véritables.

Aussitôt mon arrivée à Montévideo, je vis Mr. Barradère Consul de France, et je consultai un avocat pour savoir par quels moyens je devais commencer efficacement mes poursuites contre le capitaine. Mr. le Consul m'ayant fait sentir que cet homme se hâterait de dénaturer ce qu'il possédait dès qu'il aurait connaissance de mes poursuites, m'engagea en conséquence à voir de suite s'il ne serait pas possible de le faire arrêter provisoirement; malheureusement mon avocat me dit que cela ne se pouvait pas et qu'il fallait préalablement l'attaquer par devant le Consulat du commerce, et qu'alors seulement le Fiscal (Procureur Général), prenant connaissance de cette affaire y donnerait suite au criminel s'il y avait lieu. Quelques jours se passèrent ainsi avant de prendre une décision, et au moment où j'allais faire appeler le capitaine devant le Tribunal, j'y fus cité moi-même *pour avoir à lui payer notre passage.*

Nous y étant rendus tous les deux, il me réclama effectivement notre passage, mais voulant, dit-il, se montrer
généreux à mon égard, il se borna à ne me réclamer que
Cinquante Patacons!! Je répondis à cette demande impu-
dente par une nouvelle protestation, rédigée par mon avocat
à peu près dans les mêmes termes que celle que j'avais
présentée à Maldonado et dont j'ai donné ci-dessus l'extrait,
ajoutant seulement que je demandais provisoirement la saisie
et le séquestre de tous les biens du capitaine Delpino, et
notamment ce qu'il pouvait avoir chez son consignataire
le Sr. Da Maria, ainsi que de la goëlette Sarde *Caroline* lui
appartenant. Le Tribunal statuant sur nos demandes respectives nous remit à huitaine pour y faire droit. Sur
ces entrefaites, les passagers Thomas Dias et F. Baldowin
firent également citer le capitaine par devant le Consulat
pour qu'il eût à leur rembourser le fret des marchandises
qu'ils avaient embarquées à bord de la Vigilante, tant en
leur nom propre qu'en celui d'autres personnes, fret qui
avait été exigé et payé d'avance à Ste.-Catherine. Un autre
individu qui avait confié des sommes assez fortes au capitaine Delpino pour lui faire différentes acquisitions à
Ste. Catherine, le fit pareillement citer pour qu'il eût à
lui rembourser cet argent, et le Tribunal fesant droit à
toutes ces demandes condamna le capitaine Delpino au
remboursement de ces diverses sommes; mais celui-ci se
voyant condamné sur ce point et s'attendant bien également à l'être dans son affaire plus sérieuse avec moi,

17.

refusa de reconnaître la compétence des Tribunaux de Montévideo, prétendant ne dépendre que des Tribunaux Sardes. Ce ne fut que le Samedi que j'eus connaissance de ce singulier refus; j'en fis part aussitôt à mon avocat qui me rédigea une demande pour obtenir l'arrestation du capitaine; malheureusement il était trop tard ce jour là pour l'audience, le lendemain était un Dimanche, et le Lundi à midi, ayant enfin obtenu cette pièce, au moment où je me rendais à la Capitainerie du port pour mettre obstacle à son embarquement, j'appris qu'il venait de partir pour Buenos-Ayres, ayant eu probablement connaissance des démarches que je fesais pour le faire arrêter. Je trouvai sur le port, Baldowin et Dias qui, reconnaissant trop tard combien ils avaient eû tort de compter sur les belles promesses du capitaine, venaient comme moi chercher les moyens de mettre obstacle à sa fuite, et qui furent désolés en apprenant qu'il était trop tard et qu'il était déja parti.

N'ayant plus rien à faire moi même à Montévideo et espérant au contraire retrouver le capitaine à Buenos-Ayres, où mes affaires d'ailleurs m'appelaient impérieusement, je m'embarquai de nouveau à bord de la Rose et nous arrivâmes ici le 5 Mai, précisément une année après notre départ! Mais, quelle différence grand Dieu!!!

Aussitôt mon arrivée, je vis un avocat pour commencer mes poursuites contre Delpino, mais au moment encore où j'allais le faire citer au Tribunal de commerce, j'appris qu'il venait de repartir pour Montévideo et Rio Janeiro!

Dès lors il est revenu ici, mais l'on m'a fait comprendre que ce procès m'entraînerait dans des dépenses considérables en temps et en argent, deux choses qui me sont trop précieuses après le malheur qui vient de m'arriver, pour les avanturer légèrement; d'ailleurs, j'ai sû que Delpino avait dénaturé tout ce qu'il possédait, et qu'il n'a plus rien sous son nom; lors donc même, qu'après bien du temps des peines et des dépenses, j'aurais obtenu un jugement contre lui, je n'aurais rien trouvé qui put m'indemniser. C'est donc à sa propre conscience que je remets le soin de ma vengeance, me bornant à le démasquer publiquement en fesant connaître son infâme conduite dans toute cette affaire, et à l'accuser devant Dieu et devant les hommes :

1.º *d'avoir naufragé volontairement et avec préméditation, ou tout au moins par négligence, ou ignorance.*

2.º *de s'être sauvé le premier de son bord, en y abandonnant des passagers sans aucun secours, et notamment une femme et des enfans.*

3.º *de n'avoir rien fait après le naufrage, non seulement pour sauver le bâtiment et les marchandises, mais encore d'avoir empéché qu'on ne fit rien à cet égard.*

Que les hommes donc jugent si mes plaintes sont fondées ou non, et que Dieu l'absolve où le punisse ! !

CONCLUSION.

La tâche pénible que je m'étais imposé est enfin ter-
minée......! et il ne me reste plus qu'à remercier de leur
indulgence les lecteurs qui auront eu la patience d'arriver
jusqu'ici.

Mais, près de quatre mois se sont écoulés depuis notre
arrivée, et je livre seulement aujourdhui ces feuilles au
public : un tel retard parraîtrait étrange si je n'en donnais
l'explication.

— Ma première idée avait été de publier d'abord cette
relation en Espagnol, et pour cet effet je m'occupai de
suite de la faire traduire en cette langue: mais plus de six
semaines s'écoulèrent avant que ce travail ne fût achevé,
et en ayant fait enfin commencer l'impression, ce ne fut
que lorsque les cinq premières feuilles déja étaient sorties
de presse, que l'on s'apperçut que la traduction, ayant été
faite par diverses personnes, n'était conséquemment point
uniforme, et qu'elle ne rendait nullement ce que j'avais
voulu dire. Je me décidai donc à abandonner cette pu-
b'ication, pour le moment du moins, et d'autant mieux que
la situation de mes affaires après un tel désastre, ne me
permettait plus de suffire à cette dépense. J'aurais bien
désiré pouvoir la publier provisoirement en français, mais
la même raison d'intérêt s'y opposant, j'allais y renoncer

tout-à-fait, lorsque M^r. P. DE ANGELIS, prenant en considération ma fâcheuse position, eut l'extrême bonté de mettre à ma disposition les caractères de sa belle imprimerie, et je me hasardai à faire moi-même la composition de ces feuilles! mais, aussi novice dans cet art que dans celui d'écrire, j'ai dû faire mal et lentement! et telle a été la cause du long retard qu'a éprouvé cette publication.

En arivant à son terme, je sens encore le besoin d'exprimer publiquement ici, ma sincère reconnaissance à MM.

W. de Mendeville.	Dr. Boinvilliers.	Mac Inlay.
H^y. Blonc.	L. De Choudens.	G. Frantz.
Alex. Constantin.	Dr. Nollet.	Vor. Courras.
A. Petitjean.	Roberge.	B. Larroudé.
Aug. Favier	Guérin fils.	Ferraris.
Fred. Des Brosses	Séris.	Lecerf.
B. Despouy.	Robertson.	Carrère.

Ces Messieurs s'étant empressés de venir à notre aide à la première notice qu'ils ont eu de notre malheur, en mettant de suite quelqu'argent à ma disposition pour m'aider à recommencer à travailler, leurs noms se trouvent ainsi naturellement liés à cette affreuse épisode de notre vie, et nous ne songerons jamais à ce cruel évènement sans nous rappeler en même temps avec émotion, qu'il s'est trouvé des cœurs assez généreux pour nous aider à le réparer! J'ai été trop sensible à cette marque d'intérêt, et je suis trop fier en même temps de l'avoir méritée pour jamais l'oublier, et ne pas chercher constamment à m'en rendre digne.

FIN.

Pièce Justificative.

Je déclare , Moi *Augustin Dies* charpentier de navire et ancien marin avoir ut conesance du naufrage *du Bric Polacre la Vigilente* naufragée a la playe Saint Rafaël. Me trouvant la meme nuit a la pointe a l'est a une demie lieux du naufrage le 25 Mars a six heur du matin il est venu un homme mavertir de la par de Monsieur Aguilar fils de me randre le plus prontemant posible pour dematé le Batiment afin de sauver la vie au pasages qui se trouves abandonné a Bors de toutes lequipages et pasages a l'exeption du Segont du Bors qui est un grand nageur. Arivé a la plage on a rien terminé, le Capitaine été parti pour la ville, la Chaloupe été defoncée, le Canot été un peu fracasé mais je pouvais le metre en n'etat de sauver les pasagé dans une heur, mais je ne reçu aucoune ordre. Monsieur Aguilar a envoieyé prandre un Bateaux qui est arivé a deux heur et demi de lapres midi.

Les marins qui ce trouves presans seant enbarqué et ons a porté les quatre pasages et le domestique sans auq'un secour de lequipage, le Capitaine avé sa mal a terre. On a fait aucune autre manœuvre ce jour la.

La mer netait pas énpraticable et le batimant été tourjour antier et on nouré pu Sauver Baucoup d'efet que laux n'ave pas atent.

Le Segond jour on ma donné ordre de Racomodé le Canot. Monsieur Bacle a demandé au Capitaine a quelle heur il pourai aller a Bor le landemain y lui a répondu au anvirons de dix heur et il est parti de grand matin sans le prevenir.

La nuit du 24 au 25 été reguliere les vants de la partie du Sud. le Batimant navigué ses peroquets Bordé, je le su par les gauces du Bors.

Je me suis presanté deux fois a la police avec Monsieur Bacle pour faire ma declaration ou a pas voulu montandre.

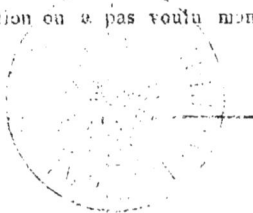

AUGUSTIN DIES.

ERRATA.

N'ayant point eu le temps de relire ces feuilles avant leur impression, et en ayant composé même la majeure partie de mémoire et sans aucun manuscrit sous les yeux, il s'y est glissé un grand nombre de répétitions et de fautes en tout genre, fautes qui ne seraient point tolérables si j'avais eu la prétention d'en faire un livre; mais, ne m'étant attaché qu'à la scrupuleuse exactitude des faits, on ne doit lire ces lignes que comme une narration fidèle, et point du tout comme un ouvrage correct, car je n'oublie point que Voltaire a dit :

" Pour écrire correctement, il faut corriger toute sa vie. "

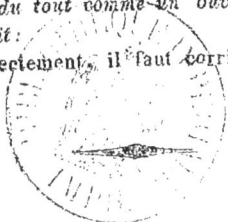

IMPRIMERIE DE L'INDEPENDANCE.

EXTRAIT
de la Carte du
Rio de la Plata

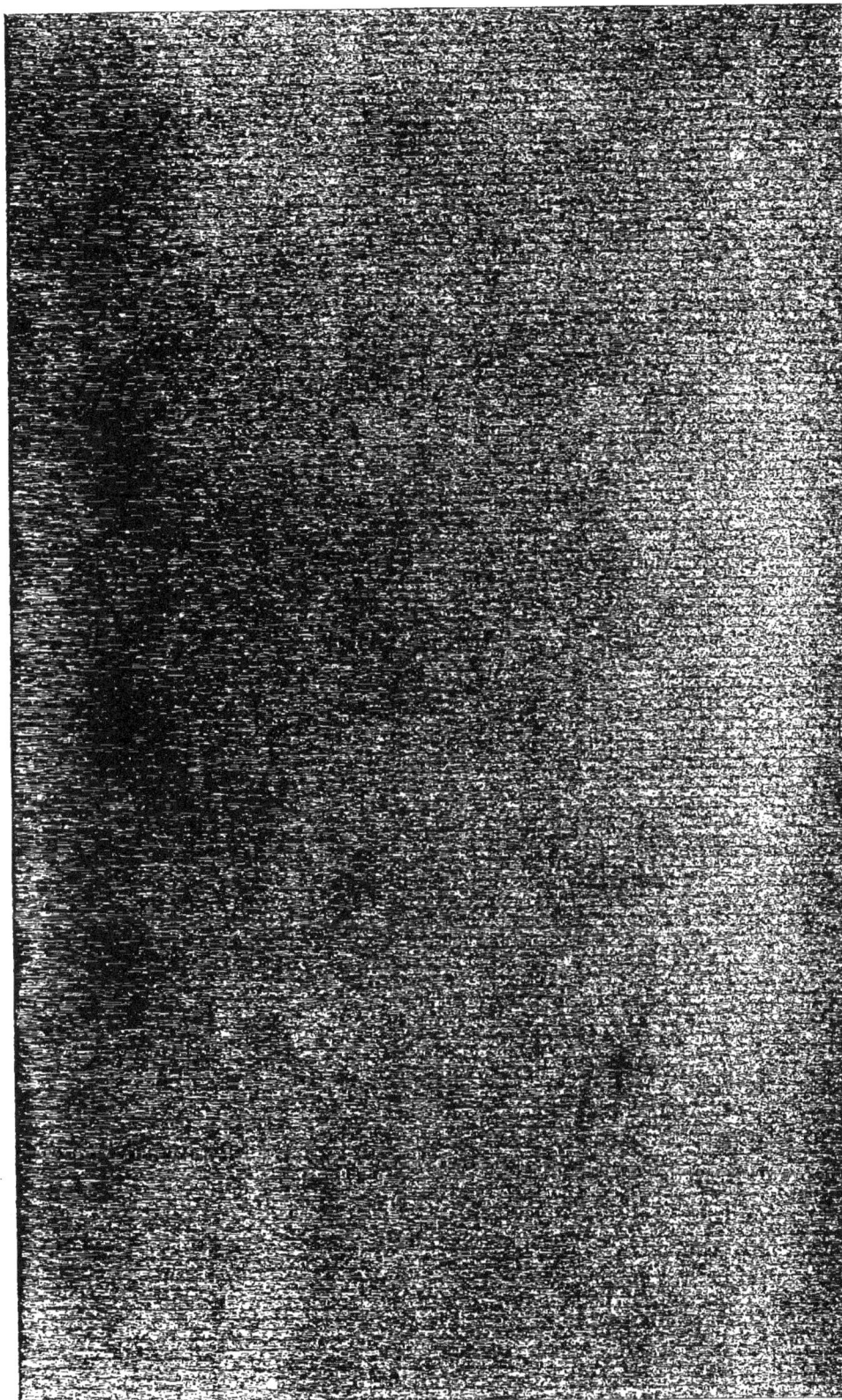

www.ingramcontent.com/pod-product-compliance
Lightning Source LLC
Chambersburg PA
CBHW050007100426
42739CB00011B/2538